Wellness DRINKS fürs ganze Jahr

kneipp verlag
WIEN

Gekürzte Lizenzausgabe

Originaltitel: Bebidas para las 4 estaciones

Autorin: Carlota Mañez
Fotografien: Becky Lawton
Art Direction: Montse Vilarnau
Übersetzung: Christina Jenisch
Lektorat (Lizenzausgabe): Eva Manhardt
Korrektorat (Lizenzausgabe): Franz Ebner
Grafische Gestaltung (Lizenzausgabe): Raimund Lhotak
Druck und Bindung: Theiss GmbH, A-9431 St. Stefan
Verlag/© der deutschen Lizenzausgabe: Kneipp-Verlag GmbH & Co KG, A-1010 Wien, Lobkowitzplatz 1, www.kneippverlag.com

1. Auflage, August 2011

ISBN 978-3-7088-0490-3

Hinweis: Die deutsche Übersetzung weicht gegebenenfalls vom spanischen Original ab, um die Rezepte für den heimischen Markt zu adaptieren bzw. wissenschaftliche Aussagen auf den neuesten Stand zu bringen. Der vorliegende Buchinhalt beruht auf gründlicher Recherche, Fehler können trotzdem nicht ausgeschlossen werden. Hinweise die Gesundheit betreffend können auf keinen Fall einen Arztbesuch ersetzen. Alle Angaben, Empfehlungen und Informationen sind ohne jegliche Verpflichtung, Haftung oder Garantie der Autorin oder des Verlages. Bezüglich der Angaben der angeführten Produkte kann weder seitens der Autorin noch seitens des Verlages eine Gewähr übernommen werden.

Inhalt

Gesundes Vergnügen

Wie schon der Titel vermuten lässt, ist dieses Buch Getränken gewidmet, nicht allen, aber sehr vielen. Es geht dabei um eine Auswahl jener Getränke, die – zusätzlich zu ihrer Hauptfunktion, den Durst zu löschen – dem Körper sowie den Sinnen auf vielerlei Weise wohltun. Weiters haben wir die Rezeptvorschläge nach Jahreszeiten geordnet, um diejenigen präsentieren zu können, die uns am besten bekommen und die saisonabhängigen Bedürfnisse unseres Organismus befriedigen. All diese Wellness-Drinks versorgen uns mit Flüssigkeit und mit dem Besten, was die Natur zu bieten hat. Gleichzeitig geben sie uns im richtigen Moment ein Plus an Energie und Vitaminen, sie erfrischen und entschlacken uns – je nachdem, welche Zutaten wir verwenden. Wir präsentieren klassische Getränke wie Säfte, Tees oder Milchshakes, aber auch andere, weniger bekannte wie Greeners, Smoothies oder pflanzliche Milchgetränke.

Alles in allem ist dieses Buch eine Hommage an die gesündesten Getränke – zusammengestellt zu einem interessanten, vitalen und farbenfrohen Streifzug durch die vier Jahreszeiten. Interessiert?

SCHUTZ VON INNEN

Viele Getränke in diesem Buch bieten eine gute Möglichkeit, den Körper mit genügend Flüssigkeit zu versorgen und ihm gleichzeitig die empfohlene Tagesration von fünf Stück Obst und Gemüse zuzuführen. Der Körper profitiert von den Nähr- und anderen Inhaltsstoffen (Vitamine, Mineral- und Ballaststoffe, Antioxidantien), die uns fit halten. Weiters tragen diese Inhaltsstoffe zur Entschlackung und besseren Verdauung bei und liefern uns so ein Extra an Energie. Und das sieht man auch von außen – an unserer schönen Haut, an kräftigen Haaren und Nägeln.

WASSER, DAS LEBENSELIXIER

Nein, wir haben nicht das gesündeste Getränk von allen vergessen: das Wasser. Weil es eben über allem steht – denn ohne Wasser gäbe es kein Leben –, haben wir ihm keinen Extraplatz eingeräumt. Außerdem ist Wasser, wie wir sehen werden, in diesem Buch allgegenwärtig, z.B. in Tees oder Erfrischungsgetränken mit zerstoßenem Eis etc.

Nur damit wir eine Vorstellung von der Wichtigkeit des Wassers haben: Wasser ist quantitativ gesehen der größte Bestandteil unseres Organismus. Wir alle wissen, dass 60 % des Körpers eines Erwachsenen aus Wasser bestehen.

Ca. 55 % davon, das heißt 33 % des Körpergewichts, befindet sich im Zellinneren (intrazelluläres Wasser), während sich das extrazelluläre Wasser auf die übrigen 45 % (25 % des Körpergewichts) verteilt, wovon wiederum 12 % jener Flüssigkeit entsprechen, in der die Zellen schwimmen, und 5 % Plasma sind.

Wichtig ist, dass sich Wasseraufnahme und Abgabe im Gleichgewicht befinden, da der Organismus Wasser nicht speichern kann. Anders gesagt, wir benötigen all das Wasser, das sich in unserem Körper befindet, und reagieren empfindlich, wenn sein Anteil sich verringert. So kann schon ein Rückgang des Wasseranteils um 2 % die körperliche Leistungsfähigkeit um 20 % senken; beträgt der Verlust 4 %, verringert sich unsere Leistung um 40 %.

Der physiologische Mechanismus, der uns darauf hinweist, dass wir Wasser benötigen, ist der Durst. Ein wenig verzögert tritt er eigentlich erst dann auf, wenn wir schon 1 % unseres Wasser-Körpergewichts verloren haben. Darum ist es ideal, vor allem bei körperlicher Anstrengung dem Durst zuvorzukommen.

Obwohl der Verlust von Wasser zuweilen größer ist als dessen Aufnahme, bleibt sein Anteil im Körper über die Zeit gesehen relativ stabil. Im Falle einer Unausgewogenheit bringt eine erneute Flüssigkeitsaufnahme den Wasserhaushalt innerhalb kürzester Zeit wieder ins Gleichgewicht.

Bei gemäßigtem Klima benötigt ein Erwachsener (sitzende Tätigkeit) ca. 2,5 l Wasser pro Tag, die er aus drei Quellen bezieht: aus der Flüssigkeit, die er trinkt (ca. 1,2 l), aus Nahrungsmitteln, die er isst (ca. 1 l), und aus dem, was der Körper als Folge des Stoffwechsels produziert (etwa 350 ml). Obst und Gemüse sind die Nahrungsmittel, die am meisten Wasser enthalten.

Die

Die 4 Jahreszeiten

Zu wissen, wann Obst und Gemüse wirklich reif ist, und es genau dann zu verwenden, trägt dazu bei, dass unser Körper dem Rhythmus der Natur folgt und unser Gaumen sich an 1001 Geschmacksnuancen delektiert. Erfreuen wir uns an so viel Auswahl und experimentieren wir mit Farben und Aromen! Außerdem bietet uns die Natur, weise wie immer, jede ihre Früchte im richtigen Moment und am richtigen Ort dar. So schenkt sie uns im Winter saftige Orangen, reich an Vitamin C; oder im Sommer die Früchte mit dem höchsten Wasseranteil, als ob sie vom erhöhten Flüssigkeitsbedarf unseres Körpers in dieser Jahreszeit wüsste. Die Rezepte, die wir hier zusammengestellt haben, müssen nicht peinlich genau befolgt werden. Fehlt eine Zutat, so kann man sie ruhig durch eine andere ersetzen. Auch ein wenig Wasser, Honig oder ein spezielles Gewürz kann, ganz nach Geschmack, immer hinzugefügt werden.

Frühling

In dieser Jahreszeit erwacht die Natur aus dem Winterschlaf. Auch wir spüren den Frühling und werden wie Mutter Natur wiedergeboren, mit der Hilfe von Säften, die unseren Körper mit Energie aufladen und ihn auf den Sommer vorbereiten. Wird das Wetter schöner, sehnen sich viele unter uns nach dem perfekten Körper, und zwar ohne viel Aufwand: mithilfe von Cremen, Wunderpillen und ohne irgendeine körperliche Betätigung. Die Experten werden nicht müde zu betonen, dass es das „Wundermittel" einfach nicht gibt und dass das Einzige, was wirklich nützt, ein vernünftiger Lebenswandel ist. Abgesehen von den Expertenratschlägen (siehe Kasten unten): Wichtig ist genügend Obst und Gemüse!

MEHR OBST UND WENIGER COUCH

- Alles essen: Schlechte Gewohnheiten führen zu unausgewogenen Diäten. Gestalten Sie die Ernährung möglichst abwechslungsreich, mit dem Hauptaugenmerk auf frischen Produkten, und kauen Sie das Essen gut.
- Ausreichend Flüssigkeit: Man sollte 2 l Flüssigkeit täglich trinken, vor allem Wasser, zuckerfreie Säfte, Kräutertees, …
- Sport: Die Europäische Union rät, sich dreimal pro Woche sportlich zu betätigen (Radfahren, Schwimmen) oder einmal täglich 30 Minuten schnell zu gehen. Das Alter ist keine Entschuldigung dafür, keinen Sport zu betreiben.
- Genügend Schlaf und keine „Giftstoffe": Der Gesundheit zuliebe sollte man pro Nacht sieben bis acht Stunden schlafen. Rauchen und Alkohol erhöhen das Krankheitsrisiko.

Aprikose (Marille)

Diese Frucht sticht aufgrund ihres Betacarotin- bzw. Provitamin-A-Gehaltes hervor. Betacarotin verwandelt sich im Körper zu Vitamin A und trägt so unter anderem zur Gesundheit der Augen und der Haut sowie zum Schutz vor Infektionen bei. Außerdem ist Betacarotin ein Antioxidans. Die Aprikose enthält viel Vitamin C, B, B_1 sowie Mineralstoffe (Kalium, Magnesium, Kalzium). Sie entgiftet, entschlackt, stärkt die Abwehrkräfte und wirkt wegen ihres hohen Ballaststoffanteils positiv auf die Verdauung.

Kumquat

Obwohl die Kumquat reich an Zucker ist, ist sie kalorienarm (50 kcal pro 100 g). Sie enthält viele Ballaststoffe, Betacarotin und Mineralstoffe wie Kalzium, Kalium und Phosphor. Auch sie wirkt antioxidativ und ihre Schale ist reich an löslichen Faserstoffen (Pektinen), Tanninen, adstringierenden Substanzen und organischen Säuren (Zitronen-, Apfel- und Weinsäure).

Erdbeere

Erdbeeren enthalten Wasser und Ballaststoffe, Vitamin C und B-Vitamine (vor allem Folsäure), aber kaum Kalorien und Kohlenhydrate. Was die Mineralstoffe betrifft, so sticht bei Erdbeeren der hohe Eisengehalt sofort ins Auge. Weiters tragen Erdbeeren positiv zum Knochen-, Nerven- und Gewebewachstum bei Kindern bei, wirken harntreibend, verdauungsfördernd, blutdrucksenkend und verhindern durch ihren Einfluss auf die Harnsäure Niereninsuffizienz. Außerdem entgiften und entschlacken Erdbeeren den Körper.

FRÜCHTE DER SAISON

Kirsche
Diese Frucht enthält ca. 84 % Wasser und Ballaststoffe, aber nur wenig Kalorien. Sie ist reich an Vitamin C, Betacarotin, Vitamin B_1 und Mineralstoffen (Kalzium, Magnesium, Eisen). Die Kirsche wirkt antioxidativ und hilft somit den Alterungsprozess und Infektionen zu bekämpfen; sie gilt als „Antikrebsnahrung" und hilft bei Verdauungsproblemen, weil sie Verstopfungen vorbeugt. Kirschen sollten nicht in großen Mengen verzehrt werden, da das zu Nierenproblemen führen kann.

Pflaume
Die Pflaume ist eine sehr leichte Frucht, da sie ca. zu 80 % aus Wasser besteht und reich an Ballaststoffen ist, was eine abführende Wirkung zur Folge hat. Weiters enthält sie eine große Menge Betacarotin und kleinere Mengen Vitamin C, B_1, B_2 und E. An Mineralstoffen findet man Kalium, Magnesium, Phosphor, Kalzium, Eisen, … Sie fördert die Verdauung, entgiftet und entwässert.

FÜR GESTRESSTE

Eine gesunde und ausgewogene Ernährung sollte mindestens zwei Stück Obst pro Tag beinhalten. Wird das Wetter schöner, gibt es auch auf den Märkten wieder mehr leckere Früchte und es lohnt sich zuzugreifen. Raffen wir uns auf und nutzen wir die uns in dieser Jahreszeit von der Natur dargebotene Fülle! Sogar diejenigen unter uns, die keine Obstliebhaber sind, werden bei dieser Auswahl interessante und köstliche Früchte finden, die auch noch praktisch sind. Tatsache ist, dass man Erdbeeren, Kirschen, Aprikosen oder Pflaumen einfach nur waschen muss, und schon kann man sie essen. Oft ist es ja so, dass uns die Abneigung gegen das Schälen und Schneiden von Früchten (Apfel, Birne, Orange, …) dazu bringt, Nahrungsmittel, die „leichter" zu konsumieren sind (Kuchen, Süßigkeiten, Cremen, …), zu wählen, von denen der Großteil aber um einiges mehr an Kalorien enthält und nicht gerade gesund ist.

Apfel
Der Apfel ist ein besonders beliebtes Obst und das ganze Jahr über zu bekommen. Man kennt ihn als das „gesunde Obst" und auch die englische Redewendung „An apple a day keeps the doctor away" (wörtl.: „Ein Apfel pro Tag hält den Doktor fern"). Er ist reich an Pektin (wirkt gegen hohes Cholesterin und Diabetes), Aminosäuren, Zucker, Säuren und Ballaststoffen. Man schreibt dem Apfel verdauungsfördernde, entschlackende, blutdrucksenkende und (im Verdauungsapparat) entzündungshemmende Eigenschaften zu. Er hält den Blutzucker- und Cholesterinspiegel im gesunden Bereich und reinigt und desinfiziert den Mund.

Pfirsich
Er ist das ideale Diätobst, da er wenig Kalorien, aber viele Ballaststoffe und Wasser (86 %) enthält. Er ist sehr reich an Betacarotin und Vitamin C, die sich hauptsächlich in der Schale befinden, weshalb man ihn besser aus ökologischem Anbau kaufen und nicht schälen sollte. Weiters enthält er Mineralstoffe wie Phosphor und Eisen. Er wirkt positiv auf das Sehvermögen, Haare, Nägel, Schleimhäute, Knochenwachstum, Gewebe und Nervensystem bei Kindern und beugt Herz-Kreislauf-Erkrankungen sowie degenerativen Prozessen vor. Außerdem stärkt er die Abwehrkräfte und wirkt leicht abführend.

Fruchtsäfte

Pflaumencocktail

3 Pflaumen • 1 Birne • 1 Orange

Die Birne, die entkernten Pflaumen und die Orange in dieser Reihenfolge entsaften, mixen und gleich trinken. Wir spüren sofort die vitalisierende Wirkung, aber Achtung bei der Menge: Pflaumen wirken stärker abführend als die übrigen Früchte.

Aprikosencocktail

4 reife, entkernte, geviertelte Aprikosen • 1 zerkleinerter Apfel • 2 geschälte, geteilte Mandarinen • 150 ml Orangen- oder Apfelsaft

Früchte entsaften, Zutaten mischen und servieren.

Karottenmix

3 Karotten • 4 Erdbeeren • Zimtpulver nach Geschmack

Zutaten entsaften, mischen und servieren.

Aromatischer Saft

1 Melonenscheibe • 1 Cherimoyascheibe • 1 Orange

Melone und Orange entsaften und gemeinsam mit der Cherimoya mixen. Durch die Eigenschaften dreier sehr verschiedener Geschmacksrichtungen entsteht ein gesunder und aromatischer Saft.

Vitamincocktail

15-20 Erdbeeren • 2 Kiwis • 1 Orange

Alle Zutaten entsaften. In den Früchten, die für diesen Saft ausgewählt wurden, findet man eine große Menge Folsäure (Vitamin B_9), ein schwer erhältliches Vitamin, da es im Großteil der Nahrungsmittel nicht ausreichend vorhanden ist. Folsäure ist besonders wichtig für die Erneuerung des Blutes und der Haut.

Erdbeer-Kiwi-Saft

150 g Erdbeeren (10-12) • 2 mittelgroße Kiwis

Erdbeeren waschen und Kiwis so schälen, dass man diese beiden köstlichen Früchte maximal nutzen kann. Dieser Fruchtsaft ist besonders reich an Ballaststoffen und Vitamin C. Man kann die Zutaten einen Tag im Kühlschrank lagern, bevor man den Saft im Entsafter zubereitet.

Erdbeer-Apfel-Saft

3 süße Äpfel • 8 Erdbeeren

Zutaten waschen, entsaften und servieren. Sind die Erdbeeren aus biologischem Anbau, kann man auch die Blätter und Stängel verwenden.

Orangensaft

10-15 Kumquats • 1 Orange

Zutaten entsaften. Die Orange enthält Vitamin C und Folsäure, während die Kumquats vor allem Betacarotin und einen für eine Frucht beträchtlichen Gehalt an Eisen und Kalzium vorweisen können. Vor dem Entsaften muss man das Obst schälen und die Samen entfernen.

Erfrischungssaft

15-20 Erdbeeren • 2 mittelgroße Kiwis

Die Kiwis schälen und halbieren. Dann die Erdbeeren putzen und alle Zutaten entsaften. Beide Früchte enthalten viel Eisen und Vitamin C, was die Aufnahme der Mineralstoffe aus dem Verdauungstrakt erleichtert. Besonders gesund ist dieser Saft für Kinder, Frauen im fruchtbaren Alter und Schwangere.

Belebender Mix

8-12 Erdbeeren • 1 Kiwi • 1 Orange • 1/2 Ananasscheibe

Die Erdbeeren waschen und Orange, Kiwi und Ananas zerkleinern. Alles gemeinsam entsaften. Das ist der perfekte Saft für jede Tageszeit. Durch das in der Ananas enthaltene Enzym Bromelain wirkt er besonders positiv auf die Verdauung (verdauungsfördernd).

Brombeercocktail

100 g Brombeeren (auch tiefgekühlt) • 5 Aprikosen

Brombeeren und Aprikosen gut waschen und in kleinere Stücke schneiden. Alle Früchte gemeinsam in den Entsafter geben und den gewonnenen Saft in hohen Gläsern servieren.

Nahrhaftes Karotin

1 Scheibe Ananas • 3 Aprikosen • 100 ml Wasser

Alles entsaften. Die Aprikosen sollen reif sein. Sind sie nicht aus biologischem Anbau, bitte schälen!

Leichte Erfrischung

1 Melonenscheibe • 2 Kiwis

Alle Zutaten entsaften und eiskalt servieren. Der Saft ist kalorienarm, aber reich an Kalzium, Kalium (Melonen sind kaliumreiche Früchte) und Vitamin C (Kiwi). Vor dem Entsaften die Melonenkerne entfernen.

Smoothies

Ein Smoothie ist ein süßes, kaltes oder gefrorenes Getränk auf Basis einer schonenden Mischung frischer oder gefrorener Früchte. Das Resultat ist eine cremige, gesiebte Flüssigkeit („smooth" bedeutet „zart, cremig" auf Englisch). Gewöhnlich ist ein Smoothie dickflüssiger als traditionelle Säfte, weil er die gesamte Frucht mit dem ganzen Fruchtfleisch enthält. In einigen Smoothies findet man auch Gemüse (Karotten, Avocados), aber es gibt einen ganz klaren Unterschied zu den beliebten Milchmixgetränken „Milkshakes", die weniger dickflüssig sind und auch mal eine Kugel Eis enthalten.

Die echten Smoothies sind sehr nahrhaft, reich an Vitaminen, Mineralstoffen, Antioxidantien und Ballaststoffen. Sie sind eine köstliche und wertvolle Energiequelle, ein Getränk, das so gesund ist, dass es eine Schande wäre, es beiseitezulassen. Wenn wir uns angewöhnen, es selbst zu Hause zuzubereiten (man benötigt nur Saftpresse, Mixer und Entsafter), wartet eine leckere Belohnung. Smoothies sind erst seit kurzem bei uns in Mode, ihre Geschichte beginnt jedoch in Kalifornien, wo man schon in den Dreißigerjahren des 20. Jahrhunderts Fruchtpürees verkaufte. In den Vierzigern tauchten dann Rezepte für Bananen- und Ananassmoothies in einigen lokalen Kochbüchern auf, aber wirklich berühmt wurden sie mit der Ankunft der Blumenkinder und ihren neuen Lebensstilen am Ende der Sechzigerjahre und im darauffolgenden Jahrzehnt.

Von den Vororten von Los Angeles bis weit nach San Francisco ist die kalifornische Westküste gesäumt von Farmen und riesigen Obstbäumen, die gleich an der Straße dem Reisenden unglaubliche Früchte anbieten. Auf der nächsten Seite finden sich einige Rezepte für die Zubereitung köstlicher Smoothies und den etwas anderen Genuss der frischen Frucht.

KREIERE DEINE EIGENEN REZEPTE

Gerade Smoothies bieten sich zum Experimentieren an. Warum sind wir nicht kreativ und erfinden unsere eigenen Rezepte – durch leichte Abwandlung der Zutaten? Manche werden ihre Eigenkreationen umtaufen – und ihren selbst erfundenen Drinks die spektakulärsten Namen geben.

Rezepte für 1 Person

Ananas und Pfirsich

2 Scheiben Ananas • 1 Pfirsich • Saft einer Zitrone

Alles im Mixer pürieren und kalt servieren. Das Smoothie ist reich an Vitamin C und wirkt verdauungsfördernd, antiseptisch, entspannend und kreislaufanregend.

Antioxidationssaft

Saft von 2 Orangen • 3-4 Erdbeeren

Alles mit etwas zerstoßenem Eis pürieren. Dieser entschlackende, vitaminreiche (A, C) Saft ist ideal für die Saison. Außerdem verringert er das schlechte Cholesterin.

Frisch und energetisch

1 Aprikose • 1/2 Pfirsich • 1/4 Banane • 30 Weintrauben

Das Obst schälen, entkernen und alles pürieren. Ein klassischer Smoothie.

Ananas, Orange und Karotte

Saft von 4 Orangen • 2 Scheiben Ananas • 2 mittelgroße Karotten, entsaftet

Alles mit etwas zerstoßenem Eis pürieren. Ein Saft reich an Eisen, Betacarotin und Vitamin C. Er schützt die Haut und das Sehvermögen.

Mango und Joghurt mit Minze

200 ml Joghurt • 250 ml Pfefferminztee • 1 Mango

Die Mango schälen, zerkleinern und mit den anderen Zutaten gemeinsam pürieren. Nach Geschmack mit Rohrzucker süßen und für einige Stunden im Tiefkühler einfrieren.

Soja, Banane und Brombeere

1 Banane • 10 Brombeeren • Sojamilch

Bananen und Brombeeren unter Zugabe von etwas Sojamilch (oder auch Hafermilch) pürieren und ins Glas schütten. Nach Geschmack mehr Sojamilch hinzufügen.

Für Sportler

4 Bananen • 50 g Mandelsplitter • 1/2 l Mandelmilch • 1 EL Honig

Die Bananen schälen, zerkleinern und mit der Mandelmilch und dem Honig gemeinsam im Mixer pürieren. Den fertigen Smoothie, mit Mandelsplittern dekoriert, im Glas servieren.

Mit Waldbeeren

500 g Waldbeerenmischung (auch TK) • 1/2 l Hafermilch • Honig

Die Früchte zerstoßen und durch ein engmaschiges Sieb pressen, um Kerne und Schalen zu entfernen. Die Milch oder ein Joghurt, wenn die Konsistenz dickflüssiger sein soll, hinzufügen und mit Honig nach Belieben süßen. Kalt servieren.

Greeners

Für viele ist es sicher das erste Mal, dass sie dieses Wort lesen. Es kann einem schon etwas seltsam vorkommen und noch seltsamer, wenn man weiß, dass es sich hier um Säfte auf der Basis von Algen und Sprossen handelt. Das mag bei all jenen, die einen solchen Saft noch nie probiert haben, eine gewisse Skepsis auslösen, aber wir hoffen mit diesem Buch alle Zweifel auszuräumen. Mithilfe der Greeners können wir aus dem Besten, was die Natur zu bieten hat, schöpfen und brauchen dazu nur eine kleine Dosis, die man kaum schmeckt. Das ist wichtig, denn die Stärke der Greeners liegt nicht im Geschmack, sondern im Effekt. Den erreicht man schon mit einer kleinen Menge. Die Mühe lohnt sich!

Ein besonders gesunder Greener ist der aus Weizengras (Weizensprossen, Weizenkeimlinge), welches überraschenderweise zu den belebendsten Nahrungsmitteln zählt, die es gibt. Und nicht nur das: Die Kühnsten unter den Naturgourmets wagen sich nun Schritt für Schritt in ein neues, unbekanntes kulinarisches Territorium vor: Säfte, die reich an Chlorophyll und anderen wohltuenden Stoffen sind, die aus den Blättern bestimmter Pflanzen extrahiert werden (Alfalfa, Spinat, Kohl, Sellerie, … und Weizengras).

Greeners sind, wie wir noch sehen werden, einfach zu Hause herzustellen – dank eines kleinen Küchenutensils, das auch dem Saftgewinn aus Algen, Früchten und anderem Gemüse dient, im Speziellen aber der Extraktion aus Wurzelfasern, wie etwa den vielen Sprossen (gekauft oder selbst hergestellt).

Greeners aus Weizengras

Rezepte für 2 Personen

Weizen (Triticum aestivum), der sich gerade im Anfangsstadion der Keimung befindet (Weizengras), ist eines der vitamin- und mineralstoffreichsten Nahrungsmittel, das uns die Natur zu bieten hat. Er enthält beispielsweise die Vitamine A, B_1 (30-mal mehr als Milch), B_2, B_3, B_6, B_{17}, C (60-mal mehr als Orangen), E (50-mal mehr als grüner Salat und Spinat), Folsäure, die Vitamine B_5 und Cholin und – neben anderen Vitaminen – das Vitamin B_{12}, welches – davon können die Vegetarier ein Lied singen – so schwer in Lebensmitteln rein pflanzlichen Ursprungs zu finden ist.

Unter den neunzig im Weizengras enthaltenen Mineralstoffen und Spurenelementen stechen sein Gehalt an Kalzium (11-mal mehr als Milch oder Spinat), Magnesium (5-mal mehr als Bananen) und Eisen (5-mal mehr als Spinat) wie auch hohe Kupfer-, Zink-, Mangan-, Selen-, Silizium-, Fluor-, Schwefel-, Jod- und Kaliumkonzentrationen heraus.

Außerdem besitzt es alle essenziellen Aminosäuren, die unser Körper benötigt, um Proteine aufzubauen. Ein kurzes Beispiel: 100 g Weizengras entsprechen 2 kg des besten Gemüses, das heißt, es besitzt den 20-fachen Wert und ist glutenfrei und darum auch für an Zöliakie Erkrankte geeignet. Die frischen, jungen Keime lassen sich, um an den Saft zu kommen, zermahlen, aber man kann sie auch trocknen, um ein nahrhaftes Pulver herzustellen. Es handelt sich beim Weizengras also um eine sehr reichhaltige Proteinquelle, die fast dreißig Enzyme enthält und deren Chlorophyllanteil in etwa 70 % beträgt. Ein kleines Wunder der Natur!

Abgesehen vom Weizengras kann man Greeners aber auch mit Gerstengras, Alfalfa und Algen (Chlorella, Spirulina, …) zubereiten. Hier einige Rezepte zum Ausprobieren zu Hause:

Grünrotes Gazpacho

200 g Alfalfa-Sprossen • 5 reife Tomaten • 1 Gurke • 2 Knoblauchzehen • 1 Tasse Petersilie • Je nach Geschmack ein wenig Wasser

Die Hälfte der Gurke und der Petersilie hacken und beiseitestellen, den Rest der Zutaten pürieren. Restliche Gurke und Petersilie zur Mischung hinzufügen. Kalt servieren.

Weizendessert mit Joghurt und Haselnüssen

100 g Weizensprossen • 250 ml Naturjoghurt • 1 geriebener Apfel • 50 g gemahlene Haselnüsse • Sesam

Alle Zutaten vermischen und mit Sesam bestreuen.

WEIZENSPROSSEN UND WEIZENGRASSAFT SELBST HERSTELLEN

- 2 TL Weizensamen gut waschen und in lauwarmem Wasser 24 Stunden lang einweichen (Gefäß mit Küchentuch abdecken – Kälte erschwert die Keimung).
- Auf einem Teller ausbreiten und feucht halten (mehrmals am Tag mit lauwarmem Wasser spülen). Aber Achtung! Zu viel Nässe kann bei den Samen zu Schimmel führen, zu wenig trocknet sie aus.
- Den Teller immer mit einem Küchentuch zudecken! So sind die Samen vor Staub geschützt und werden warm gehalten, was die Keimung begünstigt.
- Nach etwa 4 bis 5 Tagen, je nach Umgebungstemperatur, bildet sich ein Keimling.
- Zum Verzehr eignen sich nur Sprossen, die nicht größer als 4-5 cm sind, da sie sonst zu hart und faserig werden. Ist diese Größe erreicht, sollten die Sprossen im Kühlschrank aufbewahrt werden (die Kälte stoppt ihr Wachstum).
- Die Sprossen können bei Salaten zum Drüberstreuen verwendet werden.
- Getrocknet lassen sie sich zermahlen. Man erhält dadurch ein Mehl, das Brot-, Keks- und Pizzateig etc. beigemengt werden kann.
- Die effektivste Art aus Weizengras Saft herzustellen, ist das Mahlen im Mörser, nicht die Verwendung eines Entsafters, da die Sprossen zu klein sind. Danach werden die zerriebenen Sprossen mithilfe eines weitmaschigen Stoffes (Gaze) ausgepresst.
- Die Einnahme von 1 TL pro Tag ist ausreichend.

Schöne Haut

Die Haut ist das größte und schwerste Organ des menschlichen Körpers. Sie umhüllt und schützt ihn von außen und man erkennt an ihrem Aussehen auch das innere Wohlbefinden einer Person. Die Haut erfüllt also gleichzeitig viele wichtige Aufgaben im Körper. Sie fungiert als Barriere gegen externe Einflüsse wie Keime, Krankheitserreger, Schmutz, Strahlung etc., als Sinnesorgan, mit dem wir tasten und Temperaturveränderungen wahrnehmen; sie reguliert den Verlust von Körperwärme und spielt, wenn sie Sonnenlicht ausgesetzt ist, eine wichtige Rolle bei der Synthese von Vitamin D. Außerdem hat sie eine wichtige Funktion in der psychosozialen Kommunikation und beim Austausch von Zärtlichkeiten zwischen Menschen.

Gesundheit und Schönheit der Haut zu bewahren, hängt nicht nur von genetischen Faktoren oder dem Vermeiden von Hautverletzungen ab, sondern zu einem Großteil von anderen internen und externen Faktoren, die sie direkt beeinflussen. Einer dieser Faktoren ist die Ernährung. Diese hat denselben oder sogar einen noch größeren Einfluss als die Behandlung der Haut mit kosmetischen Mitteln und Cremen. In vielen Studien wurde der positive Effekt einer Ernährung mit reichlich Antioxidantien, die in Obst (frisch und getrocknet), Gemüse und Ölen (vor allem in kaltgepresstem Olivenöl) enthalten sind, festgestellt. Auf der anderen Seite zeigt sich Nährstoffmangel aufgrund einer unausgewogenen Ernährung, zu viel Stress oder Krankheit zuerst an Haut, Haaren und Nägeln. Ein solcher Mangel erschwert die Produktion der Stoffe, die für ein normales Wachstum der Epidermis notwendig sind. Die Haut ist ein lebendes Organ, dessen Zellen sich kontinuierlich erneuern, was die ständige Zufuhr von Nährstoffen für die Zellproduktion notwendig macht. So reagiert die Haut äußerst sensibel auf einen Mangel an Eiweiß, essenziellen Fettsäuren, Vitamin A, C, E und B sowie Eisen, Zink und Selen. Damit die Gesundheit der Haut also gesichert ist, sollten diese Stoffe in jeder Grundernährung enthalten sein.

Weiters benötigt unsere Haut Wasser. Tatsache ist, dass Gesundheit, Straffheit, Jugend und Attraktivität unserer Haut zu einem großen Teil von einer ausreichenden Hydration abhängen. Dabei handelt es sich nicht nur um die externe Feuchtigkeitsversorgung mit Cremen, die wir auftragen, sondern auch um die Flüssigkeitszufuhr von außen – in Form von Getränken.

Besonders im Frühling ist es wichtig, die Haut nach den Wintermonaten wieder aufzubauen und mit Blick auf den herannahenden Sommer auf Sonne und Hitze vorzubereiten und zu schützen. Dazu eignen sich speziell Heilkräutertees, die eine ausreichende Wasserzufuhr mit den wohltuenden Eigenschaften verschiedenster Pflanzen verbinden und so uns und unsere Haut optimal mit Feuchtigkeit versorgen. In diesem Sinne sei auch eine gesunde, abwechslungsreiche und ausgewogene Ernährung angeraten.

SCHUTZ AUCH VON AUSSEN

Bei jedem Mal Waschen verliert die Haut 25 % ihrer natürlichen Feuchtigkeit, weshalb wir Seifen, Duschgels etc. wählen sollten, die sie nicht noch zusätzlich austrocknen und die den Säureschutzmantel der Haut schonen. Auf diese Weise verbessern wir Ton, Strahlkraft, Glätte, Elastizität, Beschaffenheit und Flexibilität.
Bodylotions sollten in kreisenden, von unten nach oben geführten Bewegungen einmassiert werden. Das fördert die Durchblutung, bekämpft Stress, entspannt die Muskeln und mobilisiert das Lymphsystem. Tipp: die Bewegungen möglichst gleichförmig ausführen – druckvoll im Bereich der Muskeln, sanft im Bereich der Knochen. Eine solche Kombination aus Massage und Lotion fördert also nicht nur das Einziehen der Creme, sondern auch unser generelles Wohlbefinden und unsere Gesundheit.

Die besten Pflanzen

Aloe *(Aloe barbadensis)*

Schon seit der Antike findet die aus Afrika stammende Aloepflanze in der traditionellen Medizin vieler Kulturen Verwendung. Trotzdem ist man sich ihres therapeutischen Wertes erst seit der Zeit des zu Ende gehenden Zweiten Weltkrieges so richtig bewusst, als man ihre Wirksamkeit bei der Behandlung von Brandwunden erkannte.

Wird Aloegel auf die Haut aufgetragen, so wirkt es entzündungshemmend und regenerationsfördernd, was die Vernarbung beschleunigt und die Gefahr einer möglichen Infektion verringert. Außerdem wirkt das Gel antiviral, verbessert die Widerstandskraft der Haut gegen Herpesinfektionen und schützt vor (z.B. ultravioletter) Strahlung. Aufgrund all dieser positiven Eigenschaften ist Aloe eines der effektivsten Mittel, um Verletzungen, Verbrennungen ersten und zweiten Grades, Sonnenbrände, Hautirritationen und Abschürfungen zu behandeln. Ebenso empfiehlt es sich, Aloe auch bei der Bekämpfung chronischer Leiden wie der Schuppenflechte, aber auch bei Ekzemen, Akne und Pilzinfektionen anzuwenden.

Dank ihres Schleimstoffgehaltes wirkt Aloe glättend und feuchtigkeitsspendend, weswegen sie auch in der Kosmetik von großem Nutzen ist. Man kann die Pflanze zur Reinigung und Stärkung auch innerlich anwenden, denn Aloe fördert die Verdauung und wird bei der Behandlung von Zwölffingerdarmgeschwüren verabreicht.

Hafer *(Avena sativa)*

Jahrhundertelang war Hafer ein Grundnahrungsmittel vieler Völker, die vor Kraft strotzten, wie z.B. die Schotten, bei denen der Hafer als Symbol für Stärke galt. Nicht umsonst zählt er zu den Getreidearten mit dem höchsten Energiewert,

gilt aber auch als Heilpflanze. Man verwendet ihn zur Beruhigung der Nerven und vor allem als Hauptbestandteil vieler kosmetischer Produkte zur täglichen Hautpflege.

Äußerlich angewendet, pflegt er alle Hauttypen (sogar zarte Babyhaut), regeneriert, versorgt die Haut mit Feuchtigkeit und schützt. Charakteristisch für den Hafer sind seine zahlreichen Schleimstoffe und sein Siliziumgehalt, weshalb man ihn im Besonderen zur Pflege trockener, sensibler oder irritierter Haut einsetzt.

Dank seines Schleimstoffgehaltes schützt und beruhigt er die Magenschleimhaut und trägt so zu einer besseren Verdauung und der Senkung von Blutzucker und Cholesterin bei.

Große Klette *(Arctium lappa)*

Bereits seit grauer Vorzeit bekannt, wurde der medizinische Nutzen der großen Klette nie angezweifelt. Für therapeutische Zwecke werden ihre Blätter, aber vor allem ihre Wurzel auch heute noch verwendet. Diese enthält viele aktive Substanzen, wie beispielsweise Arctiopikrin, welches antibiotisch und antiseptisch – vor allem auf Mikroorganismen der Haut – wirkt. Nicht umsonst nannte man die große Klette einst „Grindwurz", was schon ihre therapeutische Wirkung erahnen lässt.

Sie regt die Ausschüttung von Galle aus der Gallenblase in den Zwölffingerdarm an (cholagoger Effekt), fördert die Schweißbildung und wirkt verdauungsfördernd. Die Klette spielt eine wichtige Rolle bei der Blutreinigung und bei der Bekämpfung von Toxinen, sowohl oral eingenommen als auch bei äußerlicher Anwendung. Weiters wirkt die große Klette antimikrobiell und fungizid; sie wird daher gegen bakterielle Hautinfektionen sowie als Mittel gegen Akne und fettige Haut eingesetzt. Auch bei chronischen Ekzemen, Abszessen, infizierten Zysten, anderen Hauterkrankungen und Harnwegsinfekten, bei denen es häufig Rückfälle gibt, kommt die große Klette zum Einsatz.

Was die Haut betrifft, so erzielt man die besten Resultate mit einer Kombination aus innerlicher und äußerlicher Anwendung.

Borretsch *(Borago officinalis)*

Gerade im Frühling wird Borretsch, bekannt für seine positive Wirkung auf die Haut, gerne für Entschlackungskuren verwendet. Seine Bezeichnung kommt aus dem Arabischen: Abu rash, „Vater des Schweißes", weist auf die schweißtreibende Wirkung seiner Blüten hin. Zu erwähnen ist auch seine Bedeutung für Medizin, Kosmetik und Gastronomie, denn Borretsch schmeckt ganz ausgezeichnet.

Aufgrund seiner schweiß- und harntreibenden Eigenschaften ist diese Pflanze hervorragend zur Blutreinigung geeignet, denn sie hilft beim Ausspülen von Giftstoffen durch Urin und Schweiß. Weiters hat Borretsch dank seines hohen Schleimstoffgehaltes und seiner „weich machenden" Fasern nicht nur einen leicht abführenden Effekt und ist hilfreich bei Verstopfung, sondern lindert auch Magenbeschwerden, Erkältungen und Katarrhe, da er die Schleimhäute beruhigt und das Abhusten erleichtert.

Äußerlich angewendet wirkt Borretsch schmerzlindernd, entzündungshemmend und trägt sanft zur Verbesserung des Hautbildes bei Dermatitis oder Ekzemen bei. Borretschöl wiederum eignet sich besonders zur Bekämpfung trockener Haut und fehlender Elastizität (Ursachen für die Entstehung erster Falten). Es wird aus den Samen der Pflanze gewonnen und ist reich an ungesättigten essenziellen Fettsäuren. Schon 2 bis 4 Tropfen täglich reichen, um die Haut von innen heraus mit Feuchtigkeit und Nährstoffen zu versorgen, sie zu stärken und vorhandene – auch tiefe – Falten zu mildern. Außerdem wendet man Borretschöl bei der Behandlung von PMS (prämenstruelles Syndrom) an, da es den Hormonhaushalt reguliert und dadurch den weiblichen Zyklus normalisiert.

Ringelblume *(Calendula officinalis)*

Ihr genauer Ursprung ist unbekannt, wobei die Ringelblume wahrscheinlich aus dem Mittelmeerraum stammt, wo sie überall wächst. Aufgrund ihrer Schönheit und Farbe findet man sie in Gärten und sie kommt schon seit Jahrhunderten als Heilpflanze zum Einsatz. Die ungiftige Ringelblume hat sich vor allem dann als nützlich erwiesen, wenn es um Schönheit oder den Schutz der Haut ging.

Äußerlich angewendet unterstützt sie die schnelle Heilung von verletzter Haut und Narben, da sie die Zellneubildung und die Kollagenbildung beschleunigt. Weiters besitzt die Ringelblume entzündungshemmende, antiseptische und hautberuhigende Eigenschaften, was sie zum perfekten Mittel bei der Behandlung von oberflächlichen Wunden, wie einfachen Schnitten oder Kratzern, macht.

Ebenfalls verwendet man Ringelblumen, um Ekzeme, Dermatitis, Verbrennungen und sogar Halsschmerzen und -entzündungen zu behandeln. Entzündungen der Mundschleimhaut und Rachenschleimhaut lindert man mit einer Gurgellösung aus dem Tee der Pflanze.

Diese Blume ist ein Allroundtalent. Sie pflegt und kräftigt die Haut, versorgt sie mit Feuchtigkeit und macht sie geschmeidig. Vor allem bei trockenen und sensiblen Hauttypen ist die Ringelblume die richtige Wahl. Rissige Haut, wie beispielsweise von Wasser und Kälte ausgetrocknete Hände, repariert diese Pflanze im Nu. Sonnengeschädigte Haut entlastet und beruhigt sie; sie ist daher oft in After-Sun-Produkten zu finden. Eine weitere höchst nützliche Eigenschaft ist ihre Fähigkeit, Entzündungen und Juckreiz nach Insektenstichen zu lindern.

Raue Stechwinde
(Smilax aspera)

Von Dioscurides entdeckt, erreichte die Stechwinde ihre größte Popularität im 17. Jahrhundert, als die Spanier verschiedenste amerikanische Pflanzen derselben Familie als „zarzaparrilla" (Stechwinde) bezeichneten und ihnen die Fähigkeit, Syphilis heilen zu können, zuschrieben. Heutzutage ist jedenfalls sicher, dass die Wurzel dieser Pflanze blutreinigend wirkt, Hautirritationen besänftigt und sich auch zu einem erfrischenden Getränk verarbeiten lässt, das schon in alten Zeiten gerne genossen wurde.

Die raue Stechwinde besitzt verdauungsfördernde, schweißtreibende und entschlackende Eigenschaften und erleichtert die Bekämpfung von Giftstoffen, die über den Urin ausgespült werden. Besonders gute Resultate bringt eine Kombination der Stechwinde mit anderen Entschlackungspflanzen. Sie belebt und stärkt den Körper und wird traditionell auch als Verdauungstonikum und als Mittel zur Schleimlösung bei Bronchialerkrankungen angewendet.

Äußerlich aufgetragen, hilft sie bei der Bekämpfung von Hautunreinheiten oder Akne und steigert das Wohlbefinden der Haut bei chronischen Leiden wie Schuppenflechte und Ekzemen.

Hauttees

Hafertrunk

2 EL Haferkörner • 1 l Wasser

Hafer im Wasser 5 Minuten kochen und dann abseihen. Bei Bedarf mit Honig süßen und als Erfrischung über den Tag verteilt trinken. Der Hafertrunk beruhigt das Nervensystem und wirkt ausgleichend und stärkend. Bereitet man damit ein Bad, wirkt es ebenfalls beruhigend, versorgt die Haut mit Feuchtigkeit und macht sie geschmeidig.

Gewöhnlich wird Hafer in Form von Flocken mit Milch oder Joghurt bzw. als Bestandteil von Müslis und anderen Gerichten gegessen. Haferflocken oder Haferkleie werden für die Zubereitung von Heilkräutertees verwendet und man findet Hafer in einigen Präparaten zur Nervenberuhigung bzw. -stärkung, vor allem aber in kosmetischen Produkten wie Badeschaum und Körpercremen für trockene und empfindliche Haut.

Klettensud

1 TL Klettenwurzeln • 250 ml Wasser

Die Wurzeln 10 Minuten kochen und danach weitere 5 Minuten ziehen lassen. Abseihen und nach Geschmack mit Honig oder Zucker süßen. Für die Dauer der Hautentzündung alle 8 Stunden 1 Tasse trinken und zur Verstärkung des Effekts zweimal am Tag jeweils 15 Minuten Klettensud-Kompressen auf die betroffene Stellen auflegen.

Tee gegen Akne

Brennnessel • Stiefmütterchen • Klettenwurzel

Zutaten zu gleichen Teilen (je 1 TL) mischen und diese Mischung mit kochendem Wasser in einer Tasse übergießen. 10 Minuten ziehen lassen, abseihen und alle 8 Stunden eine Tasse trinken. Der Tee hilft, Giftstoffe, die den Hautzustand von innen heraus verschlechtern, auszuspülen. Während Schwangerschaft und Stillzeit sollte allerdings vom Genuss abgesehen werden!

Reinigender Borretschtee

1 TL Borretsch • 250 ml kochendes Wasser

Borretsch mit kochendem Wasser übergießen, 10 Minuten ziehen lassen und abseihen. 3 Tassen täglich genießen – vom Konsum über einen längeren Zeitraum, während Schwangerschaft, Stillzeit oder bei Leberinsuffizienz wird jedoch abgeraten. Was die äußerliche Anwendung betrifft, so sind zum Beispiel teegetränkte Wickel äußerst effektiv, um die Haut mit Feuchtigkeit zu versorgen und weich zu machen. Eine andere Möglichkeit ist ein Bad: dazu das Badewasser mit einigen Litern Tees mischen. Das beruhigt und pflegt gleichzeitig.

Ringelblumentee

1 TL Ringelblumenblüten • 1 Tasse kochendes Wasser

Blüten einer Tasse kochenden Wassers beifügen, 10 Minuten ziehen lassen und abseihen. Kann lauwarm auch für getränkte Kompressen verwendet werden.

Rezepte für 1 Person

Stechwindensud

1 TL Wurzel der rauen Stechwinde
• 250 ml Wasser

Zutaten mischen und 10 Minuten kochen, weitere 5 Minuten ziehen lassen. Abseihen und je nach Bedarf mit Zucker oder Honig süßen. Dieser Heilkräutertee hilft bei Hautunreinheiten. Bis zu 3 Tassen täglich trinken.

Zur sichtbaren Verbesserung des Hautbildes auch möglich: Eine Teemischung aus Klettenwurzel, Löwenzahn, Maishaar zu gleichen Teilen. In geringer Menge über den Tag verteilt trinken oder 2 Tassen täglich eines Suds aus Stechwinde, Brennnessel, Ackerraute, Schachtelhalm und Wallnussblättern (alles zu gleichen Teilen).

Hohe Dosen und Genuss der rauen Stechwinde über einen längeren Zeitraum sollten vermieden werden. Bei Verwendung als Diuretikum (zum Entwässern) ist im Falle von Bluthochdruck oder Niereninsuffizienz eine Absprache mit dem Arzt unumgänglich.

Entwässerungstees

Sobald sich das schöne Wetter ankündigt, regt sich auch in vielen von uns eine leichte Panik. Möglichst schnell sollen die im Winter angefutterten Kilos purzeln und der Wettlauf gegen die Zeit mit Ziel „Bikinifigur" beginnt. Es muss aber nach wie vor betont werden, dass die sogenannten „Wunderdiäten", die Erfolge in kurzer Zeit versprechen, selten funktionieren und sogar die Gesundheit gefährden können. Bei Weitem sinnvoller ist es, langsam, aber sicher vorzugehen, die Essgewohnheiten zu verbessern und regelmäßig Sport zu treiben. Es ist weder notwendig, dabei zu hungern, noch zielführend, streng zu fasten; besser ist es, sich gesünder zu ernähren und gesund zu leben. Um das zu erreichen, spart man am besten bei den Kalorien, nicht aber bei Qualität. Wichtig ist die ausreichende Aufnahme aller Nährstoffe, die der menschliche Körper benötigt. Zusätzlich können wir auf die Hilfe der Natur in Form von Pflanzen mit harntreibender Wirkung zurückgreifen.

HELFENDE NAHRUNG

Abgesehen von Pflanzen gibt es auch andere Nahrungsmittel, die durch ihren hohen Wassergehalt und ihre reinigende und harntreibende Wirkung hervorstechen. Dazu zählen frisches Gemüse (Gurke, Sellerie, Zucchini, …) und Obst (Wasser- und Zuckermelone, Erdbeere, Pfirsich, …).

Eine der wichtigsten Gruppen in diesem Zusammenhang umfasst u. a. Pflanzen vom Ackerschachtelhalm (Zinnkraut) bis zum Maishaar sowie Wundkräuter und zusammenziehende bzw. erweichende Stoffe. Mit all diesen Produkten und Pflanzen wird schon seit geraumer Zeit Schindluder und Selbstmedikation betrieben. Wenn jemand das Gefühl hat, nicht ausreichend Wasser zu lassen, so wendet er sich oft an zweifelhafte Quellen, um ein Gegenmittel zu finden. Zu Frühlingsbeginn passiert es dann auch, dass viele übergewichtige Frauen wochen- und monatelange Trinkkuren mit Entwässerungstees quasi in Eigenregie durchführen, um endlich in den ersehnten Bikini zu passen.

Klar, dass jede Art von Selbstmedikation die Gesundheit gefährdet. Auch wenn es sich um Heilpflanzen handelt, muss eine solche Vorgehensweise in jedem Fall mit dem Arzt abgesprochen werden. Verliert der menschliche Körper Flüssigkeit, so verliert er auch Gewicht, doch das zieht (verursacht durch einen niedrigeren Blutdruck) Symptome wie Müdigkeit nach sich und bringt Wasser- und Elektrolythaushalt empfindlich aus dem Gleichgewicht.

Entwässerungstees

Löwenzahntee

1 1/2 TL Löwenzahnblätter und -wurzeln • 1 TL Ackerschachtelhalm (Zinnkraut) • 1 TL Wacholderbeeren • 250 ml Wasser

Alle Zutaten gut vermischen. 1 TL der Mischung mit kochendem Wasser übergießen und 5 Minuten (gut mit einem Deckel abgedeckt) ziehen lassen. Abseihen, nach Geschmack süßen und genießen!

SCHON GEWUSST?

Die Blütenblätter des Löwenzahns bringen nicht nur Farbe, sondern auch Geschmack in Salatgerichte und sogar Kuchen. Manch einer genießt sie gedünstet oder brät sie. In einigen Regionen Europas bereitet man Marmeladen mit Löwenzahnblüten zu, während man in anderen mit den Knospen Desserts oder Gemüsegerichte verfeinert. Und die Wurzeln – man glaubt es kaum – werden geröstet als Kaffeeersatz verwendet.

Birkentee

2 EL Birkenblätter • 1 TL Ackerschachtelhalm • 1 TL Zitronenmelissenblätter • 250 ml Wasser • 1 Spritzer Zitronensaft

Wasser zum Kochen bringen und alle Zutaten hinzufügen, Topf vom Herd nehmen und abdecken. Nach 3 Minuten Ziehdauer den Tee abseihen und nach Geschmack mit Zucker oder Honig süßen. Wir empfehlen, eine Tasse morgens nach dem Aufstehen und noch eine Tasse nach dem Essen zu trinken.

Kirschentee

1 1/2 TL Kirschenstiele
• 1/2 TL Hundszahngraswurzel
• 250 ml Wasser

Wasser zum Kochen bringen, den Topf vom Herd nehmen und die Zutaten beimengen. 10 Minuten ziehen lassen und die Mischung abseihen. Die Hundszahngraswurzel besitzt einen süßlichen Geschmack, Nachsüßen ist also wahrscheinlich nicht mehr notwendig. Über den ganzen Tag verteilt können mehrere Tassen getrunken werden.

Petersilientee

1 TL Petersilienstängel
• 1/2 TL Stechmyrte (Mäusedorn)
• 250 ml Wasser

Vermischte Zutaten mit kochendem Wasser übergießen und gut mit einem Deckel verschließen. 3 Minuten lang ziehen lassen und vorsichtig filtern. Bei Bedarf mit Zucker oder Honig süßen und morgens und nach dem Essen jeweils eine Tasse genießen.

Birnentee

Schalen einer frischen Birne
• 1 TL Kirschenstiele • Schale einer Zitrone • 250 ml Wasser

Sollte der Ursprung der Birne nicht genau bekannt sein, Schale gut waschen und abbürsten. Sobald das Wasser kocht, Topf vom Herd nehmen und alle Zutaten hinzufügen. Ziehen lassen, bis der Tee Zimmertemperatur erreicht hat, dann abseihen. Es können je nach Lust und Laune mehrere Tassen täglich getrunken werden.

Ackerschachtelhalmsud

10 g Ackerschachtelhalm (Zinnkraut) • 100 ml Wasser

Wenn das Wasser kurz vor dem Kochen ist, Ackerschachtelhalm einwerfen und 1 Minute lang kochen lassen. Herd ausschalten, Topf mit Deckel zudecken und 5 Minuten ziehen lassen. Durch ein Sieb filtern und Kraut dabei leicht andrücken, nach Geschmack süßen und jeden Morgen eine Tasse auf nüchternen Magen trinken.

Es ist natürlich möglich, den Ackerschachtelhalm im Frühling selbst in der freien Natur zu sammeln und einfach in der Sonne trocknen zu lassen. Aber Achtung! Nur die grünen Zweige und Stängel pflücken, denn diese sind in der Pflanzenheilkunde verwertbar, nicht die zweiglosen Sporentriebe.

Hagebuttentee

1 EL Hagebutten • 1 EL Hundszahngraswurzel • 1 EL Birkenblätter • 250 ml Wasser

Birkenblätter und Hundszahngraswurzel zerkleinern oder zermahlen und mit den Hagebutten ganz vorsichtig vermischen. Das Wasser zum Kochen bringen und 1 TL der Mischung einrühren. Kurz darauf dann die Herdplatte ausschalten und den Topf mit einem Deckel gut verschließen. Die Brühe etwa 4 bis 5 Minuten ziehen lassen. Schließlich durch ein Sieb filtern und den fertigen Tee bei Bedarf süßen. Entweder am Vormittag oder späteren Nachmittag eine Tasse trinken.

Wacholderbeerensud

15 g Wacholderbeeren • 5 g Süßholzwurzel • 1 l Wasser

Wacholderbeeren vorsichtig zerstampfen und Süßholzwurzel zerkleinern. Beide Zutaten in kochendes Wasser einlegen und den Sud mindestens 5 Minuten köcheln lassen. Herd abschalten, Topf mit Deckel verschließen und 10 Minuten ziehen lassen. Die Mischung abseihen und 1 Tasse täglich (mit Abstand zur letzten Mahlzeit) trinken. Das Süßholz verleiht dem Sud eine köstliche Note, doch kann er auch den Blutdruck erhöhen. Deshalb ist der Tee für Menschen, die an Bluthochdruck leiden, eher ungeeignet und sollte gemieden werden.

Maisbarttee

30 g Maisbart (Maishaar) • 1 l Wasser

Maisbart in Wasser etwa 10 Minuten lang kochen lassen. Topf vom Herd nehmen, mit Deckel verschließen und weitere 10 Minuten ziehen lassen. Den Tee abseihen und bei Bedarf süßen. Eine Tasse, gleich nach dem Aufstehen in der Früh getrunken, und eine weitere Tasse nach dem Essen haben den besten Effekt.

Die beste Zeit, Maisbart zu sammeln, ist im August und September, noch vor der Maisernte. Das Haar kann einfach vom Kolben gepflückt und in der Sonne getrocknet werden.

Gemüsesäfte

Wenn wir das Wort „Saft" hören, denken wir automatisch an Früchte, und wenn doch Gemüsesaft, dann ist unsere erste Assoziation die Karotte in irgendeiner Kombination. Aber Gemüsesäfte lassen sich auch aus Spinat, Kopfsalat, Rüben oder Brokkoli usw. herstellen. Um den Gaumen sanft mit dem neuen Geschmack rohen Gemüses in Saftform vertraut zu machen, können auch leichtverdauliche Früchte wie Apfel oder Birne hinzugefügt werden. Am besten ist es, Gemüse der Saison und aus biologischem Anbau zu verwenden. Ist das nicht möglich, muss das Gemüse gründlich gewaschen und, je nachdem, auch vor der Weiterverarbeitung geschält werden. Alle Rezepte sind, wenn nicht anders angegeben, für ein oder zwei Gläser gedacht. Noch ein kleiner Tipp: Um den intensiven Geschmack, der vor allem für Gemüsesaftneulinge etwas seltsam anmuten kann, etwas abzuschwächen, kann jeder Saft nach vollendeter Zubereitung mit Wasser verdünnt werden. Wichtig ist aber, den Saft so frisch wie möglich zu trinken.

Bevor wir nun zum Rezeptteil übergehen, wollen wir uns noch einige der bekanntesten Gemüsearten und ihre Vorzüge genauer ansehen.

UND IN DER PRAXIS?

Ganz allgemein sind Gemüsesäfte gehaltvoller und haben einen kräftigeren Geschmack. Deshalb ist es besser, sie mit Wasser, Apfel- oder Karottensaft zu verdünnen. Vor allem die sogenannten „grünen Säfte" (aus Spinat, Brokkoli, Kopfsalat, ...), sollten immer, meist im Verhältnis 1:3 (1 Teil Saft, 3 Teile Wasser oder milder Fruchtsaft) verdünnt werden. Ist der fertig gepresste Gemüsesaft zu dickflüssig geraten, so kann man ihn mit etwas Zitronensaft oder einem anderen der „Säfte für alles" (funktionieren in jeder Kombination), wie Apfel oder Karotte, strecken. Sollte der Geschmack dann immer noch zu streng sein, lässt sich das Problem in jedem Fall mithilfe von ein wenig Rohrzucker oder Honig lösen. Doch es gilt, den Saft zu verbessern, nicht sein ursprüngliches Aroma vollkommen zu verschleiern.

GEMÜSE DER SAISON

Karotte

König unter den Säften ist, gemeinsam mit dem Apfelsaft, sicherlich der Karottensaft. Vor allem wegen ihrer leichten Kombinierbarkeit sind Apfel und Karotte so beliebt. Die Karotte ist das Gemüse mit dem höchsten Gehalt an Betacarotin, das, gemeinsam mit den enthaltenen Vitaminen C und E, antioxidative Eigenschaften besitzt und so das Entstehen chronischer und degenerativer Krankheiten, wie einiger Krebsarten und Herzkrankheiten, verhindert. Die Karotte ist die perfekte Verbündete für Augengesundheit, Haut, Schleimhäute und Haare und dank ihres großen Eisengehalts bekämpft sie Blutarmut. Vor der Weiterverarbeitung sollte die Karotte gründlich gewaschen, abgebürstet und vom grünen Teil befreit werden.

Zwiebel

Aufgrund ihres süßlichen Geschmacks bevorzugen wir für die Zubereitung von Säften die rote Zwiebel. Viele ihrer Inhaltsstoffe sind jedoch flüchtiger Natur. Alle Zwiebelarten haben harntreibende, herzstärkende, blutzuckersenkende und antiseptische Eigenschaften. Sie helfen, den Menstruationszyklus zu regulieren sowie das Thromboserisiko und den Cholesterin-, Triglyzerid- und Harnsäurespiegel zu senken. Vor dem Entsaften schälen und in Stücke schneiden. Besonders gut schmeckt die Zwiebel in Kombination mit einer Tomate.

Gurke

Die Gurke wirkt verdauungsfördernd, reinigend und harntreibend. Sie ist reich an Wasser, aber auch an Vitamin C, Eisen, Folsäure sowie an Sterinen (Cholesterinsenker), die sich in ihrer Schale befinden. Vor dem Entsaften sollte man die Gurke waschen und abbürsten und, wenn sie nicht aus ökologischem Anbau stammt, schälen. Ansonsten ist es möglich, die Schale auch mitzuverwenden. Köstlich ist ein Saft aus Gurken, Tomaten, Zwiebeln und Knoblauch.

Kopfsalat

Kopfsalat eignet sich hervorragend für die Herstellung von Säften, und weil es so viele verschiedene Arten davon gibt, kann man sich der Sorte bedienen, die gerade Saison hat. Kopfsalat besteht fast nur aus Wasser und enthält kaum Nährstoffe. Darum reinigt er den Körper und trägt zum Funktionieren der Verdauung bei. Gutes Kauen des Salats reinigt Zähne und Zahnfleisch, aber er enthält auch eine nicht unbedeutende Menge an Mineralstoffen (Eisen, Magnesium), Vitaminen (C und E) und phytochemischen Substanzen. Vor dem Verarbeiten welke Blätter entfernen und Salat gut waschen. Passt besonders gut zu Karotten und Petersilie.

Gemüsesäfte

Tomate

Die Tomate glänzt als eine der Hauptzutaten der Mittelmeerküche. Sie gibt einen erfrischenden Saft her, beispielsweise im berühmten Gazpacho. Sie ist reich an Betacarotin, Folsäure, Vitamin C und Lycopin, ein Stoff, der zu den Antioxidantien zählt und sich bei der Vorbeugung von Prostatakrebs als nützlich erwiesen hat. Vor dem Entsaften gut waschen. Ideal sind Exemplare, die duften, schwer sind und deren Fruchtfleisch bei Druckausübung nachgibt.

Rote Beete (Rote Rübe)

Rübensaft ist geschmacksintensiv, weswegen man ihn mit anderen Säften kombinieren sollte. Sein Gehalt an Eisen und Folsäure ist hoch, was ihn während einer schon bestehenden oder geplanten Schwangerschaft interessant macht. Er regt die Bildung roter Blutkörperchen und die Lymphdrüsen an, reinigt Blase und Nieren und alkalisiert das Blut. Vor Verwendung waschen und Enden abschneiden. Passt gut zu Karotten- und Stangenselleriesaft.

Stangensellerie

Der erfrischende Stangenselleriesaft ist ideal für heiße Tage. Er regt die Speichel- und Magensaftproduktion an, erleichtert so die Verdauung und fördert die Blutgerinnung. Er hilft Harnsäure zu eliminieren und Infektionen vorzubeugen. Bevor man sie entsaftet, sollte man die Selleriestangen gut waschen und klein schneiden. Dieses Gemüse passt mit fast allem zusammen und obendrein gilt der Stangensellerie auch noch als Aphrodisiakum.

Spinat

Spinat ist reich an Betacarotin, an A-, C- und B-Vitaminen sowie besonders an Folsäure (wichtig für Schwangere oder Frauen, die schwanger werden möchten, um das Baby vor einer offenen Wirbelsäule zu schützen). Einige der im Spinat enthaltenen Vitamine zählen zu den Antioxidantien, deren regelmäßiger Konsum vor bestimmten Krebsarten schützt. Auch an Mineralstoffen fehlt es im Spinat nicht – er enthält Kalzium, Eisen und Magnesium. Wir raten dazu, ihn gründlich zu waschen und von Erde zu reinigen. Wer jemals einen Nierenstein, Gicht, Arthritis oder Rheuma hatte oder noch immer hat, dem raten wir wegen des Oxalatgehalts vom Spinatgenuss ab. Ansonsten schmeckt Spinat köstlich mit Karotte oder Apfel.

Gemüsesäfte

Fenchel

Der Geschmack des Fenchels, verwandt mit dem Stangensellerie, erinnert an Lakritze. In Kombination mit Karotten- und Rote-Beete-Saft (Rote-Rüben-Saft) wirkt er schmerzstillend und bekämpft Blutarmut während der Menstruation. Weiters hilft er bei blähenden Nahrungsmittel wie Hülsenfrüchten und ist verdauungsfördernd, entwässernd und leicht abführend. Weil er das Hormonsystem beeinflusst, raten wir vom Konsum während der Schwangerschaft ab; während der Stillzeit jedoch regt Fenchel die Milchproduktion an. Vor dem Entsaften waschen und klein schneiden.

Paprika

Paprika ist nicht nur besonders reich an Vitamin C (vor allem der rote), er enthält auch Betacarotin sowie die Vitamine B_2 und E, die antioxidativ wirken. Am süßesten schmeckt der rote Paprika, aber auch die anderen Arten eignen sich hervorragend für Säfte, wobei die im Frühling und Sommer gepflückten Paprika zu bevorzugen sind. Vor der Weiterverwendung das Gemüse waschen, aufschneiden und die kleinen weißen Kerne entfernen.

Brokkoli

Wie auch die restlichen Mitglieder seiner Familie (alle Kohlarten wie Weißkohl, Blumenkohl oder Karfiol, Kohlsprossen) ist Brokkoli dank seines hohen Vitamin-C-Gehaltes (Antioxidans) zur Vorbeugung von Krebs besonders empfehlenswert. Vor dem Entsaften gut waschen, da sich Insekten in seinen Rillen verstecken können. Besonders gut schmeckt Brokkolisaft in Kombination mit Karotten und Äpfeln.

Knoblauch

Knoblauch hat einen sehr intensiven Geschmack und Geruch, weshalb wir dazu raten, ihn mit Vorsicht zu genießen. Er hilft den Blutdruck und das Cholesterin zu senken, beugt der Bildung von Gerinnseln vor und ist ein Verbündeter gegen bestimmte Typen von Magenkrebs. Außerdem stärkt er das Immunsystem und wirkt wegen seines Allicingehalts wie ein natürliches Antibiotikum. Knoblauch regt den Verdauungsenzymfluss an und unterstützt die Bekämpfung von Giftstoffen in der Haut. Wir empfehlen, ihn vor dem Entsaften zu schälen.

Gemüsesäfte

Karotte und Ananas

350 ml Ananassaft • 3 große Karotten, zerstückelt • 1 TL Zitronensaft • zerstoßenes Eis

Karotten gemeinsam mit Ananas- und Zitronensaft im Mixer pürieren. Dann das zerstoßene Eis hinzufügen und vorsichtig mischen. Den fertigen Saft sofort servieren.

Kopfsalatsaft

20 Blätter grüner Salat • 1/2 l Wasser

Blätter gründlich waschen und in mittelgroße Stücke schneiden. Mit Wasser im Mixer verarbeiten. Kann kalt oder warm getrunken werden. Dieses Getränk reinigt, versorgt den Körper mit Mineralstoffen, bekämpft Schlaflosigkeit und wirkt der Übersäuerung entgegen.

Kombisaft

4 Tomaten • 2 Zwiebeln • 1 Stück Gurke (10 cm) • 300 ml Wasser • Salz und weißer Pfeffer

Gemüse waschen, schälen und schneiden. Im Wasser 20 Minuten auf kleiner Flamme kochen. Topf vom Herd nehmen und Inhalt pürieren. Mit Salz, Pfeffer und einem Schuss Olivenöl abschmecken. Kann kalt oder warm serviert werden.

Dreierkombi

3 Rüben • 4 Karotten • 6 Ananasscheiben

Alle Zutaten waschen, schälen und schneiden. Dann ab damit in den Entsafter. Dieser Saft kann zu jeder Tageszeit genossen werden. Die Ananas fördert die Verdauung.

Rübe, Ananas und Petersilie

2 kleine Rote Beeten (Rote Rüben) • 2 Bund Petersilie • 4 Scheiben Ananas

Rüben und Ananas schälen, schneiden und zusammen mit der Petersilie entsaften. Rote Beete (Rote Rübe) enthält verhältnismäßig viel Eisen, Petersilie ist reich an Vitamin C und die Ananas reguliert und schwächt den intensiven Geschmack der beiden anderen Zutaten ab.

Etwas von allem

2 Karotten • 100 g Sojasprossen • 4-6 Stangen Stangensellerie • 1/2 kleine Rote Beete (Rote Rübe) 1 kleine Handvoll Petersilie • 100 g Spinat (oder Mangold, Kohl, Rübenblätter) • 2 Birnen und/oder 1 Apfel • 2,5 cm frischer, geriebener Ingwer

Alle Zutaten im Entsafter verarbeiten und servieren.

Rezepte für 2-3 Personen

Gemüsecocktail

4 Karotten • 3 Stangen Stangensellerie • 1/4 Tasse geschnittener Fenchel • 1/2 Apfel • 1 kleine Handvoll Brunnenkresse • Petersilie

Alles im Entsafter verarbeiten und servieren.

Spinataperitif

1 Handvoll Spinat • 4 Karotten • 1/2 Apfel

Alle gewaschenen Zutaten entsaften. Der intensive Geschmack des Spinats stört in diesem Saft nicht; er erfreut den Gaumen.

Salatsnack

6 Salatblätter • 4 Karotten • 3 Stangen Stangensellerie • 1 Apfel

Alle Zutaten gründlich waschen und schneiden. Apfel schälen und entkernen. Gemeinsam im Entsafter verarbeiten. Idealerweise etwa 20 Minuten vor dem Essen trinken. Guten Appetit!

Gartentomaten

6 reife Tomaten • 1 Zitrone • 1 Gurke

Die Gurke oberflächlich schälen und dann entsaften. Die Zitrone auspressen. Beide Säfte in getrennten Gefäßen beiseitestellen. Dann die Tomaten in kaltem Wasser gründlich waschen, in Stücke schneiden und kurz mit dem Mixer pürieren. Das Tomatenpüree jeweils mit 4 EL Gurkensaft und 4 EL Zitronensaft verfeinern. Je nach Lust und Laune kann auch noch Salz hinzugefügt werden.

Den restlichen Gurken- und Zitronensaft kann man später als Salatdressing verwenden.

Powerdrink

6 mittelgroße Karotten • 2 rote Paprika • 1 grüner Paprika • 1/2 Brokkoli

Nach der Vorbereitung (Waschen, Schneiden) alle Zutaten entsaften und so schnell wie möglich trinken, damit die wertvollen Inhaltsstoffe nicht verloren gehen.

Für die Haut

6 Karotten • 1/2 grüner Paprika

Karotten waschen und reiben. Paprika teilen, waschen und Kerne und Strunk entfernen. Alle Zutaten entsaften. Je nach Geschmack, kann man gerne 1 Stange Stangensellerie hinzufügen.

TIPP

Häufige Zubereitung von Karottensaft verklebt möglicherweise den Entsafter mit Fasern und er wird nicht mehr richtig sauber. Um das zu vermeiden, einfach für einige Stunden in Wasser und Geschirrspülmittel einweichen und hinterher mit klarem Wasser ausspülen.

Gemüsesäfte

Würziges Gemüse-Allerlei

3 Brokkoliröschen • 1 Knoblauchzehe • 2 reife Tomaten • 2 Stangen Stangensellerie • 1/2 grüner Paprika

Zuallererst das Gemüse gründlich mit kaltem Wasser waschen, die Kerne aus dem Paprika und die Blätter vom Stangensellerie entfernen. Knoblauchzehe schälen. Dann zuerst den Brokkoli entsaften und Knoblauch, Tomaten, Stangensellerie und Paprika (in dieser Reihenfolge) hinzufügen. Den fertigen Saft je nach Geschmack mit Salz, Pfeffer und/oder Kräutern abschmecken.

Gartencocktail

1 Knoblauchzehe • 3 Brokkoliröschen • 2 Kohlblätter • 5 Karotten • Cayennepfeffer • Salz, Essig und Olivenöl

Knoblauch schälen und die restlichen Zutaten gründlich waschen. Brokkoli und Knoblauchzehe in die Kohlblätter einwickeln und das Bündel gemeinsam mit den Karotten entsaften. Bei Bedarf mit etwas Cayennepfeffer und, für einen intensiveren Geschmack, mit Salz, Essig und Olivenöl verfeinern.

Apfelrhapsodie

3 mittelgroße Äpfel • 1 Stange Stangensellerie 3 mittelgroße Karotten • 1 Zitrone

Stangensellerie, Karotten und Äpfel waschen. Äpfel gegebenenfalls schälen. Auch die Zitrone schälen und mit den restlichen Zutaten gemeinsam entsaften.

Detox-Drink

2-3 Karotten (je nach Größe) • 1/2 Gurke • 1/2 Rote Beete (Rote Rübe)

Karotten waschen und reiben. Gurke und Rübe schälen und alle Zutaten gemeinsam entsaften. Da er in großem Maße entgiftet, ist dieser Saft ideal für all jene, deren Liebe zu Fleisch und fettem Essen „ungesunde" Dimensionen angenommen hat.

Grüner Saft

6 große Salatblätter • 2 gehackte Frühlingszwiebeln • 1/4 Gurke, geschnitten • 125 ml stilles Mineralwasser

Alle Zutaten 30 Sekunden lang in einer Küchenmaschine oder im Mixer pürieren. Den Saft durch ein Sieb passieren und sofort servieren. Die Gurke verleiht Frische, während die Frühlingszwiebeln den Saft auf raffinierte Weise verfeinern. Was den Salat betrifft, ist es egal, welche Sorte man wählt. Das Geheimnis liegt darin, die äußeren Blätter zu verwenden, sofern sie nicht welk sind, da diese besonders reich an Nährstoffen und Chlorophyll sind – also nicht wegwerfen!

Rezepte für 2-3 Personen

Zwiebel und Orange

1 rote Zwiebel (geschält, geschnitten)
• 2 Orangen (geschält, geschnitten)
• 150 ml stilles Mineralwasser

Am besten in einer Küchenmaschine (oder im Mixer) etwa eine halbe Stunde pürieren. Fertige Mischung durch ein Sieb drücken und den daraus entstandenen Saft servieren. Rote Zwiebeln sind viel süßer, weswegen sie sich mit Früchten wie beispielsweise der Orange perfekt kombinieren lassen. Aber auch in Salaten schmecken sie.

Rhabarber-Birnen-Ingwer-Saft

2 Rhabarberstangen, ohne Blätter
• 2 Birnen, in Stücke geschnitten
• 1 EL zerkleinerter Ingwer

Rhabarber, Birnen und Ingwer mithilfe des Entsafters verarbeiten. Den fertigen Saft sofort servieren.

Pu-Erh-Tee

Pu-Erh-Tee ist eine Teesorte, die mittels eines speziellen, traditionellen Verfahrens hergestellt wird. Dieser Tee ist dem, der im alten China schon vor 2000 Jahren getrunken wurde, sehr ähnlich. Er wird als „Fettkiller-Tee" zum Abnehmen empfohlen, soll den Cholesterinspiegel senken sowie anregend auf das Immunsystem- und die Verdauung wirken. Auch antibakterielle und entschlackende Eigenschaften soll er haben. Die Deutsche Gesellschaft für Ernährung (DGE) weist allerdings darauf hin, dass es dafür keine wissenschaftlichen Belege gibt.

Pu-Erh weist ein Spektrum an Inhaltsstoffen auf, das weitestgehend dem von Schwarz- und Grüntee entspricht. Aufgrund seines Koffeingehaltes, der allerdings geringer als im Kaffee ist, sollte er nur in Maßen – 3 bis 4 Tassen pro Tag – getrunken werden.

Auch auf die Herkunft des Tees sollte man achten, da zahlreiche Produkte bei Untersuchungen nachweisbare Mengen an Pflanzenschutzmitteln enthielten. Greifen Sie daher zu rückstandskontrollierter Ware.

Auch wenn die gesundheitlichen Wirkungen noch nicht ganz geklärt sind, ist der einzigartige Geschmack des Tees unbestritten. Pu-Erh-Tee wird in verschiedenen Variationen hergestellt und kann ein breites Spektrum an Geschmacksrichtungen und Aromen entfalten, die von zarten Blumen über Honig bis zu Heidekraut und Früchten bis hin zu Gras, Tabak, Holz und Erde reichen.*

*Anm. d. Übers.: Dieser Abschnitt wurde auf den aktuellen Stand der Wissenschaft gebracht.

ZUBEREITUNG

- Die tiefrote Farbe und das erdige, fast rauchige Aroma des Pu-Erh-Tees sind mit denen anderer Teesorten kaum zu vergleichen. Sein Geschmack ist für westliche Gaumen vielleicht etwas gewöhnungsbedürftig, jedoch nicht unangenehm. Wer sich etwas schwertut, dem raten wir, für den Anfang einen Schuss Milch hinzuzufügen, auch wenn ein Chinese damit wohl kaum einverstanden wäre.

- Für eine Tasse Tee benötigt man maximal 3 g Tee (1 gestrichener TL), für 1 l werden etwa 12 bis 20 g gebraucht, was 4 bis 6 gestrichenen TL entspricht. Während im Allgemeinen davon abgeraten wird, Grüntee und wenig fermentierte Tees mit kochendem Wasser zuzubereiten, kann der Pu-Erh-Tee mit Wasser zwischen 95 und 100 °C zubereitet werden.

- Zur Abschwächung des Aromas, pro Tasse einige Teeblätter in ein heißes, aber trockenes Gefäß (vorzugsweise aus Ton oder Porzellan) füllen und erst nach 3 Minuten mit Wasser übergießen. Schwarztee muss gewöhnlich 4 bis 7 Minuten ziehen, Grüntee belassen wir maximal 3 bis 10 Minuten im Wasser und roten Tee 2 bis 10 Minuten (je nach gewünschtem Effekt). Danach den Tee in eine Porzellanteekanne füllen (Teepatina belassen!).

- So wie auch Grüntee kann Pu-Erh-Tee mehrmals verwendet werden. In China übergießt man den Tee bis zu viermal, wir empfehlen aber das nur zweimal zu tun, um die optimale Wirkung zu erhalten. Pu-Erh-Tee ist eine gute Alternative zum Kaffee, da er sowohl in Geschmack als auch in Farbe an Kaffee erinnert. In den USA nennt man ihn auch coffee kicker, da er hilft, sich von der Kaffeesucht zu befreien.

NATÜRLICH SÜSSEN

In China trinkt man den Tee ungesüßt, da sein Geschmack intensiv genug ist. Wer jedoch nicht auf die leichte Süße im Tee verzichten möchte, sollte auf natürliche Produkte zurückgreifen und auf weißen Zucker oder künstliche Süßstoffe verzichten, zwei Stoffe, die abgesehen davon, dass sie den Geschmack des roten Tees verändern, auch dazu führen, dass er seine heilsamen Eigenschaften verliert. Am besten ist es, ihn mit Ahornsirup, Agavendicksaft, Stevia (eine aus Südamerika stammende Pflanze, die natürlich süßt) oder Honig (1 TL sollte pro Tasse ausreichen) zu verfeinern. Auf diese Weise verliert der Tee weder seinen natürlichen Geschmack noch seine wohltuende Wirkung.

Pu-Erh-Tee

Eistee

Die im Pu-Erh-Tee enthaltenen Stoffe wirken auch durstlöschend, was den Eistee zum idealen Getränk macht, um sich an einem heißen Tag abzukühlen. Warum dem Tee nicht einfach einige Eiswürfel hinzufügen? Beim Abkühlen entwickelt er alle möglichen neuen Aromanuancen! Pu-Erh-Tee kann in jeder gewünschten Temperatur getrunken werden, jedoch sollte man beachten, dass er in geeister Form Nieren und Blase schaden kann. Deshalb empfiehlt es sich, jeden Schluck kurz im Mund zu behalten, um seine Temperatur an die unseres Körpers anzupassen.

Die Zubereitung des Eistees ist grundsätzlich die gleiche wie beim normalen Tee, doch verwendet man die doppelte Menge Teeblätter. Nach einer Ziehdauer von 5 Minuten einfach über Eiswürfel gießen (verdünnen ihn). Man kann den Tee auch mit Zitronensaft oder anderem Fruchtsaft abschmecken. Minzeblätter allerdings sollte man nur zur Dekoration verwenden.

Gewürztee

Man kann je nach Geschmack noch Gewürze wie Kardamom, Anis, Nelken oder Zimt (auch Rohrzucker) hinzufügen. Kleiner Tipp: Kardamom riecht besser, wenn er frisch gerieben ist (Pfeffermühle!). Verwendet man Zimtstangen (damit kann man den Tee auch umrühren), die voll von exotischem Aroma sind, ist es besser, den Tee alleine und nicht zum Essen zu trinken, denn sein kräftiger Geschmack würde einfach alles überdecken.

Sommer

Sommer, Ferien, Sonne, Hitze und saftige Früchte der Saison am Wegesrand. Bäume leuchten in ihrem grünen Blätterkleid und beim Anblick von prallen Pfirsichen, einer Handvoll Kirschen oder einer Scheibe einer kühlen Wassermelone läuft einem das Wasser im Munde zusammen. Es ist Sommer und im Sommer benötigt unser Körper noch mehr Flüssigkeit als in jeder anderen Jahreszeit. Natürlich eignet sich der Sommer auch dazu, eine kleine Entschlackungskur zu machen, vor allem dann, wenn wir gesündigt haben, und – seien wir ehrlich – schlagen wir im Urlaub nicht alle ein wenig über die Stränge?

INTERESSANT ZU WISSEN …

Besonders in der heißen Zeit ist der Kaffee eine interessante Alternative zu den typischen Erfrischungsgetränken. Sein spezieller Geschmack sowie sein unverwechselbares Aroma funktionieren auch gekühlt. Ein guter Eiskaffee ist das perfekte Sommergetränk, denn es stillt den Durst, erfrischt uns und gibt uns obendrein noch den speziellen Kick. Viele begehen jedoch den Fehler, ihn in zu großen Gläsern zu servieren. Wichtig ist jedoch Qualität, nicht Quantität. Doch keine Sorge, wir widmen dem Kaffee noch einige Seiten mehr in diesem Buch, wenn der Winter kommt … (S. 122)

Kaffee, eiskalt

Rezepte für 2 Personen

Eiskaffee

2 Tassen Kaffee, sehr heiß • 1/2 Vanilleschote • 4 TL Zucker • 2 Kugeln Vanilleeis • Schlagsahne zum Dekorieren

Kaffee wie gewohnt zubereiten. Vanilleschote mit einem Messer öffnen und ausschaben, dann Inhalt in einer Keramikkaffeekanne beiseitestellen, fertigen Kaffee und Zucker hinzufügen und gut umrühren. Zum Abkühlen in den Kühlschrank stellen.

Gläser mit gekühltem Kaffee bis zur Hälfte anfüllen, jeweils eine Kugel Vanilleeis und einen Strohhalm hinzufügen. Den Eiskaffee mit Schlagsahne dekorieren und so schnell wie nur möglich servieren, da das Eis sonst schmilzt, sich mit dem Kaffee vermischt und der Farbkontrast verloren geht.

Karibischer Eiskaffee

2 Tassen nicht sehr starker Kaffee • 1/2 Orange und 1/2 Zitrone, ungeschält und in Scheiben geschnitten • 1 Scheibe Ananas • 2 Tropfen Angosturabitter • 6 Eiswürfel

Kaffee zubereiten, abkühlen lassen und mit den Obstscheiben in einer Schale vermischen, gut durchrühren und in den Tiefkühler stellen. Nach einer Stunde herausholen und gut umrühren, Fruchtscheiben entfernen und Angosturabitter hinzufügen. Erneut durchrühren. 3 Eiswürfel in je 1 Whiskeyglas füllen und mit dem Eiskaffee übergießen. Zur Dekoration eine halbe Orangenscheibe an jedes Glas stecken.

Gekühlter Minzkaffee

2 Tassen Espresso • 20 g Zucker • 2 Blätter frische Minze • 2 Gewürznelken

Alle Zutaten mit viel Eis im Cocktailshaker mischen, durchfiltern und den schäumenden Kaffee in einem kleinen Glas servieren.

Kaffee, eiskalt

Kalte Verführung

2 Tassen starker Kaffee, kalt • 4 EL Kaffeeeis • 2 EL Schlagsahne, geschlagen • Mandelsplitter oder Haselnüsse zum Verzieren

Eis und Schlagsahne mit fertigem Kaffee in Tassen füllen und mit Nüssen oder Mandeln verzieren.

Eiskaffee mal anders

4 EL Kaffee • 75 g Zucker • 40 g Schlagsahne

4 Espressos zubereiten und mit Zucker süßen. Nachdem sich der Zucker aufgelöst hat, Mischung in Eiswürfelbehälter schütten und einfrieren. Die fertigen Kaffeeeiswürfel im Mixer zerstoßen und in 2 große Gläser füllen. Mit Schlagsahne dekorieren und sofort servieren.

Kaffee Hawaii

2 Tassen starker Kaffee • 1/4 l Kaffeeeis • 300 ml sehr kalter Ananassaft

Alle Zutaten mithilfe eines Mixers verarbeiten, bis sich Schaum bildet. In Gläser füllen und gleich servieren.

Moccacino

1 Tasse Espresso • 2 Kugeln • Schokoladeneis • 200 g Kondensmilch • 80 g Schlagsahne, geschlagen • Zimtpulver nach Geschmack • Eiswürfel

Alle Zutaten (Espresso, Kondensmilch, Eis, Eiswürfel) im Mixer verarbeiten und in Gläser füllen. Mit Schlagsahne und Zimt dekorieren. Sofort servieren.

Ungarischer Kaffee

2 Tassen starker Kaffee, kalt • 40 g Schlagsahne, geschlagen • 25 ml Vanillelikör • 40 g Zucker • Orangensaft

Alle Zutaten gut vermischen und in Gläsern servieren.

Schokokaffee

2 EL gemahlener Kaffee • 1 TL Kakaopulver, löslich, 40 ml Schlagsahne, flüssig • Zimt nach Geschmack

Kaffee- und Kakaopulver vermischen und Kaffee wie gewohnt zubereiten. In Tassen füllen und kurz vor dem Servieren jeweils 1 EL Schlagsahne hinzufügen. Nach Geschmack mit Zimt bestreuen.

Café frappé

4 TL Löskaffee • 20 g Zucker • Eiswürfel

Kaffeepulver und Zucker gemeinsam mit einem Glas kaltem Wasser und einigen Eiwürfeln in einem Cocktailshaker einige Sekunden lang kräftig mischen und durchschütteln. In 2 gekühlten Gläsern servieren.

Kaffee, eiskalt

Kaffeesorbet

2 Tassen starker Kaffee • 250 ml Wasser • 70 g Zucker • 1 Eiweiß • 1/4 TL Vanillepulver • Schlagsahne, geschlagen

Den Kaffee in ein Gefäß füllen und beiseitestellen. Dann die Hälfte des Wassers mit dem Zucker erhitzen, bis dieser sich aufgelöst hat. Abkühlen lassen und in den Tiefkühler stellen. Die fast gefrorene Wasser-Zucker-Mischung mit dem restlichen Wasser verdünnen, Vanillepulver einrühren und alles mit dem Kaffee durchmischen. Das Eiweiß zu Schnee schlagen und unterheben (das macht das Sorbet cremiger). Dann die ganze Flüssigkeit in ein flaches Gefäß füllen (etwa wie ein Eiswürfelbehälter, aber ohne Trennwände) und einfrieren. Alle 30 Minuten umrühren, damit man eine cremige Textur erhält.

Wenn diese im gewünschten Maße erreicht ist, das fertige Sorbet auf hübsche Gläser aufteilen. Jeweils mit 1 EL Schlagsahne dekorieren und servieren.

Früchtekaffee

2 Tassen kalter Espresso • 2 Kugeln Mangoeis • 50 ml Cointreau • 500 ml Ananassaft

Alle Zutaten mithilfe eines Mixers mischen. In 2 große vorgekühlte Gläser füllen und mit einem Strohhalm in jedem Glas servieren.

Rezepte für 2 Personen

Café frappé de luxe

1/2 Vanilleschote • 1 Gewürznelke • 2 Pfefferkörner • 1 Tasse frisch zubereiteter Kaffee • 2-3 Eiswürfel • 2-3 TL brauner Zucker • 2 EL Schlagsahne, flüssig

In einem Gefäß Gewürznelke und Pfeffer mit frisch zubereitetem Kaffee übergießen und zum Abkühlen zwei Stunden in den Kühlschrank stellen. Dann den Kaffee unter Zugabe von Eiswürfeln im Cocktailshaker kräftig schütteln. Sahne hinzufügen und noch einmal kräftig durchschütteln. Dann die Mischung schnell in ein Glas umfüllen und noch schäumend servieren.

Aromatischer Eiskaffee

2 Eiswürfel • 2 TL Puderzucker • 1 Tasse frischer Espresso • Einige Tropfen einer Bitterorange • 1 Zimtstange

Puderzucker und Eiswürfel in ein Glas füllen, den kalten Kaffee darübergießen und gut umrühren. Kühl stellen. Mit Bitterorange abschmecken und mit Zimtstange dekorieren.

Milchshakes

Fast täglich werden wir von Ernährungsexperten daran erinnert, wie wichtig es ist, ausreichend Gemüse, Obst und Milchprodukte zu essen. Und das nicht umsonst, denn in diesen Nahrungsmitteln befinden sich viele für den Körper notwendige Nährstoffe wie Kalzium (enthalten in Milchprodukten) und wichtige Vitamine (in Gemüse und Früchten). Trotz dieser täglichen Aufrufe zur gesunden Ernährung, gibt es genügend Leute, die sich von diesen Nahrungsmitteln fernhalten, da sie ihnen nicht besonders verlockend erscheinen. Glücklicherweise haben wir dafür eine einfache Lösung: Milchshakes. Diese praktischen Getränke vereinen beide Nahrungsgruppen. Nur wenige Minuten und Küchenkenntnisse sind notwendig, um solche nahrhaften Shakes herzustellen, und das Beste ist, dass wir uns – dank des vielfältigen Obstangebotes – an einer unendlichen Vielfalt von Kombinationsmöglichkeiten erfreuen können.

GESUNDES PAAR

Hauptbestandteile der Milchmixgetränke sind natürlich Milch (oder Joghurt) und Früchte. Ein Glas Milch versorgt uns schon mit einem Drittel des täglichen Kalziumbedarfs (Kalzium ist wichtig für den Knochenaufbau), enthält gleichzeitig verschiedenste hochwertige Proteine und – wenn auch in geringerer Menge als Obst – Vitamine.

Obst auf der anderen Seite enthält Vitamine in großer Menge und gleicht so die Bilanz wieder aus. Vitamin A finden wir in Pfirsichen, Honigmelonen oder Kirschen. Vitamin B ist in unter anderem in Zitrusfrüchten und Feigen, Vitamin C in Zitrusfrüchten (Orange, Zitrone, Grapefruit, Limette, Mandarine ...), Kiwis und Erdbeeren enthalten. Außerdem ist der Ballaststoffanteil in Früchten besonders hoch. Milchshakes vereinen also das Beste aus zwei Welten, was sie zu besonders wertvollen Getränken macht. Für die Herstellung muss man nur die Zutaten – Milch und Obst (besser keinen Zucker) – in einem Gefäß miteinander vermischen und mithilfe eines Mixers pürieren, bis man eine flüssige und zugleich cremige Konsistenz erhält. Abgesehen von herkömmlichen Milchprodukten kann man für die Zubereitung auch Soja-, Reis- oder Hafermilch verwenden und Trockenfrüchte oder Zerealien dazugeben. Sojamilchprodukte sind zwar etwas schwerer verdaulich, punkten aber mit ihren hochwertigen Inhaltsstoffen. Etwas leichter verdaulich und auch höchst gesund sind die pflanzlichen Milchprodukte aus Reis- und Hafermilch. Wir werden auf diese Alternativen noch später zurückkommen.

Milchshakes können einfach zu Hause hergestellt werden. Ihr Genuss verschafft dem Körper die notwendigen Nährstoffe. Auch wenn man gewöhnlich Früchte verwendet, können die Naschkatzen unter uns gelegentlich auch auf die eine oder andere Eissorte zurückgreifen.

Für die Zubereitung von Milkshakes verwendet man üblichersweise einen Standmixer oder Pürierstab, der hier bei vielen Milchmixgetränken den Entsafter oder die Saftpresse ersetzt.

Milchshakes

Stracciatella-Shake

80 g Schokolade • 20 g Schokostreusel • 140 g Zucker • 500 ml Milch • 150 ml Schlagsahne, flüssig

Alle Zutaten in einem Topf unter Rühren bis auf etwa 80 °C erhitzen. Vom Herd nehmen und lauwarm werden lassen, dann mindestens zwei Stunden in den Kühlschrank stellen. Kurz vor dem Servieren die Schokostreusel untermischen, in Gläser gießen und fertig ist der Shake!

Schokolade-Sahne-Shake mit Erdbeeren

100 g Schokolade • 120 g Erdbeeren • 40 g Zucker • 1/2 l Milch • 1 EL Schlagsahne, geschlagen

Schokoladestücke mit der Milch auf kleiner Flamme erhitzen, bis die Schokolade schmilzt. Dann die heiße Schokoladenmilch im Mixer unter Zugabe der gewaschenen, geschnittenen Erdbeeren und des Zuckers pürieren. Im Kühlschrank abkühlen lassen und mit Schlagobers und Erdbeeren dekoriert servieren.

Rezepte für 2-3 Personen

Papaya-Bananen-Shake mit Limette

1 Papaya • 1 Banane • Frisch gepresster Saft einer Limette • 2 EL Zitronensorbet • 1/2 l Milch

Papaya schälen und mit einem Löffel entkernen. Fruchtfleisch entsaften (Entsafter). Dann Banane schälen, schneiden und gemeinsam mit dem Limettensaft, der Milch und dem Sorbet im Mixer pürieren, bis eine sämige Masse entsteht, und fertig ist ein nahrhafter, erfrischender Shake. Noch ein kleiner Tipp: Zitronensorbet ist gesünder als Zitroneneis!

Schokoladenshake mit Orange und Vanille

200 g Schokolade, in Stücken • 1/2 l Milch • 100 ml Schlagsahne, flüssig • 2 Vanilleschoten • Schale von 2 Orangen

In einem Topf Milch, Sahne, Vanille (Schote und Samen getrennt) und Orangenschalen zum Kochen bringen. Vom Feuer nehmen, umrühren und über die in Stücke geteilte Schokolade gießen. Ganze Mischung noch einmal umrühren und abkühlen lassen. Schließlich in Gläser einschenken und je nach Geschmack mit getrockneten Orangen dekoriert servieren.

Cherimoya-Shake

1 Cherimoya, ca. 350 g • 1 EL Ahornsirup • 2 Kugeln Vanilleeis • 1/2 l Milch

Cherimoya halbieren und mithilfe eines Löffels vollständig entkernen. Das Fruchtfleisch mit dem Rest der Zutaten im Mixer verarbeiten, bis eine homogene Flüssigkeit entsteht. Schnell servieren!

Milchshakes

Erdbeer-Schokoshake

400 g Erdbeeren • 1/2 l Haselnussmilch • 60 g Kakao oder Carobschokolade (Ersatz aus Johannisbrotbaumfrüchten)

Erdbeeren reinigen, entsaften, Milch hinzufügen und gut vermischen. Dann alles eine halbe Stunde im Kühlschrank kühlen. In Gläser füllen und mit geschmolzener Schokolade dekorieren. Dann die Shakes noch einmal kurz in den Kühlschrank stellen und die Schokolade fest werden lassen. Fertige Erdbeer-Schokoshakes sofort servieren.

Karibische Milch

2 Mangos • 2 Papayas • 400 ml Sojamilch • 8 entkernte Datteln • 3 EL flüssiger Karamell (nach Geschmack)

Alle Früchte schälen, Papayas entkernen. Die Milch hinzufügen und alles im Mixer pürieren. Dann die entkernten, geschnittenen Datteln einstreuen, die Mischung in Gläser füllen und je nach Geschmack mit Karamell verzieren. Fertige Shakes sofort servieren.

Bananenshake

3 Bananen • 1/2 Zitrone • 200 g brauner Zucker oder Sirup • 400 ml Milch • Einige Mandeln (nach Geschmack)

Bananen und Zitrone schälen und im Mixer unter Zugabe von Zucker pürieren. Dann Milch hinzufügen, gut umrühren, in Gläser füllen und servieren.

Vanilletraum

1 Vanilleschote • 3 Kugeln Vanilleeis • 1/2 l Milch

Die Vanilleschote der Länge nach aufschneiden und die schwarzen Samen in den Mixer bröseln. Milch und Vanilleeis hinzufügen und alles mixen, bis eine homogene Flüssigkeit entsteht.

Das Vanilleeis verleiht dem Getränk eine cremige Textur. Dieser Shake erinnert an Milchshakes vergangener Zeiten, und die echte Vanille belebt den Geist auf natürliche Weise.

Erdbeershake

400 g Erdbeeren • 2 EL Honig • 6 Eiswürfel • 400 ml Milch • 1 EL Vanilleeis

Alle Zutaten im Mixer gemeinsam verarbeiten und mit Eiswürfeln kalt servieren.

Mandelshake mit Früchten

1/2 l Mandelmilch • 250 g Erdbeeren • 1 Orange • 4 EL Honig

Die Orange auspressen, Saft beiseitestellen. In einem großen Gefäß die Erdbeeren mithilfe einer Gabel gut zerdrücken. Die Mandelmilch langsam hinzufügen und dabei immer wieder umrühren. Dann den Honig in den Orangensaft einrühren, bis er sich aufgelöst hat. Der gesüßte Orangensaft wird schließlich in die Erdbeer-Mandelmilch eingerührt und die ganze Mischung kurz vor dem Servieren im Kühlschrank gekühlt. Dieser nahrhafte Shake ist reich an Vitaminen, aber er sollte nicht zum Essen getrunken werden. Alleine schmeckt er besser und ist er besser verdaulich.

IDEAL FÜR KLEINE … UND GROSSE!

Es gibt Zeiten, da scheint es unmöglich, die lieben Sprösslinge davon zu überzeugen, ein Glas Milch zu trinken, Obst oder gar Gemüse zu essen. Das Problem liegt meist weniger am Geschmack, sondern oft einfach nur am Aussehen. Milchshakes sehen nicht nur lecker aus, sie schmecken auch so und lassen sich obendrein rasch zubereiten. Nicht nur Kinder, auch Erwachsene haben gerade im Sommer Freude an diesem Getränk, das nicht nur ein großartiger Nährstofflieferant ist, sondern auch noch erfrischt, vor allem mit Eiswürfeln. Wer auf seine Linie achten will, dem empfehlen wir wenig bis gar keinen Zucker und Magermilch zu verwenden. Es spricht nichts dagegen, eine ganze Mahlzeit durch einen Shake zu ersetzen. Zuhause zubereitet kann man sich hinsichtlich der Qualität des Shakes sicher sein und auch den übermäßigen Gebrauch von Zucker oder Sirup vermeiden – Zutaten, die in gekauften Shakes oft enthalten sind, um die mindere Qualität oder auch Unreife der verwendeten Früchte zu überdecken.

Milchshakes

Shake aus Kardamom, Kaffee und Datteln

6 geschnittene Datteln • 400 ml (Bio-) Milch • 125 ml Kaffee (Espresso) • 2 EL Vanilleeis • 2 TL Kardamompulver (1 TL nur zum Dekorieren)

Die Datteln mit der Hälfte der Milch in einem Topf vorsichtig zum Kochen bringen. Mischung vom Herd nehmen und komplett abkühlen lassen. Dann die Dattelmilch mit der restlichen Milch, dem kalten Kaffee, dem Vanilleeis und der Hälfte des Kardamoms (1 TL) im Mixer so lange verarbeiten, bis eine cremige Masse entsteht. Diese schließlich in Gläser füllen und mit etwas Kardamompulver zur Dekoration bestäuben. Die Datteln und der Kardamom geben diesem Shake das gewisse exotische Flair. Kardamom fördert übrigens die Verdauung und entfaltet ein betörendes Aroma, das als Aphrodisiakum bekannt ist. Datteln und Kaffee hingegen runden den Milchshake noch mit einer Extraportion Energie ab.

Birnen-Quitten-Shake

400 ml pflanzliche Milch (Soja, Hafer …) • 1 Quitte • 2 Birnen

Die Quitte schälen und klein schneiden. Mit der Milch in einem Topf etwa 10 Minuten lang auf kleiner Flamme erhitzen. Dann die geschälten und in Stücke geschnittenen Birnen hinzufügen. Vom Herd nehmen, im Mixer pürieren und die so erhaltene Masse durch ein Sieb filtern. Heiß oder kalt servieren.

Erdbeershake mit Balsamicoessig

250 g Erdbeeren • 1-2 TL Balsamicoessig • 1/2 l Milch • 4 EL Erdbeersorbet

Erdbeeren entstielen und gemeinsam mit dem Balsamicoessig, der Milch und dem Erdbeersorbet mixen, bis keine Klumpen mehr zu sehen sind. Der Balsamicoessig, der den Geschmack der Erdbeeren perfekt ergänzt und dem Getränk eine leichte, erfrischende Säure verleiht, zeigt uns, wie vielseitig wir Zutaten in Milchshakes einsetzen können.

Purpurshake

100 g frische oder gefrorene Brombeeren • 125 g Blaubeeren (frisch oder gefroren) • 1/2 l Milch • 2 EL Himbeersorbet oder Sorbet aus roten Früchten

Alle Zutaten im Mixer verarbeiten, bis keine Klumpen mehr zu sehen sind.

Dieses zähflüssige, rot gefärbte Getränk versorgt uns mit den wertvollen Nährstoffen der Brombeere. Alternativ zum Himbeersorbet kann jedes andere Beerensorbet verwendet werden, ebenso kann man zu Beereneis greifen, aber wenn möglich zu einem fettarmen.

Rezepte für 2-3 Personen

Gewürzshake mit Pistazien und Buttermilch

1 große Banane • 50 g Pistazien (ungeschält, ungesalzen) • 1/4 TL verschiedenster Gewürzsamen • 1/2 l Buttermilch • 1 TL Honig (nach Geschmack)

Die Banane schälen und in Scheiben schneiden. Alle Zutaten außer dem Honig mithilfe des Mixers fein verarbeiten. Sollte der Geschmack der Buttermilch zu sauer sein, einfach einen TL Honig einrühren. Die Pistazien sind eine wichtige Ballaststoffquelle, enthalten Vitamin B_6, Magnesium, Kalium und einfach ungesättigte Fettsäuren. Die Buttermilch dagegen punktet mit einem niedrigen Fettgehalt und einer angenehm schmeckenden Säure. Sie entsteht als Nebenprodukt bei der Butterherstellung, genauer gesagt ist sie die Flüssigkeit, die übrig bleibt, wenn man aus Vollmilch Butter erzeugt. Die verwendeten Gewürze tragen nicht nur zum Geschmack bei, sie helfen auch bei der Verdauung des Shakes.

Erfrischungsdrinks

Im Sommer sind Fruchtsäfte erfrischend und leicht zugleich und versorgen uns mit Nährstoffen und Flüssigkeit. Der Vitamin-, Mineral- und Ballaststoff- sowie Enzymgehalt frischen Obstes und Gemüses bringt uns Gesundheit und Vitalität. Gute Gründe dafür, dass frische Fruchtsäfte in unserer täglichen Ernährung nicht fehlen sollten.

Pflaumencocktail

3 Pflaumen • 1 Birne • 1 Orange

Die Pflaumen waschen und entkernen. Auch die Birne waschen und schneiden. Die Orange schälen und in Spalten teilen. Nun alle Früchte entsaften, zuerst die Birne, und zuletzt die Orange hinzufügen. Dass Pflaumen Verstopfung entgegenwirken, ist bekannt. Obendrein enthält der Saft Phosphor, was gegen Müdigkeit hilft. Nur ein Glas reicht, um sich gleich besser zu fühlen!

Spritziger Pfirsich

1 Pfirsich • 1 Orange • 1/2 Limette • 100 ml Mineralwasser mit Kohlensäure

Den Pfirsich waschen, entkernen und klein schneiden. Orange und Limette schälen, aber weiße Haut aussparen. Auch die Zitrusfrüchte klein schneiden und alle Zutaten gemeinsam entsaften. Mineralwasser hinzufügen und fertig ist der spritzige Pfirsichsaft!

Sommerpunsch

200 g weiße Trauben • 1 Zitrone • 1 Stange Stangensellerie ohne Blätter • 100 ml Wasser • 3 Eiswürfel

Die Trauben, die Zitrone und den Stangensellerie entsaften. Den Saft in einem Gefäß mit dem Wasser vermischen. Gut umrühren und in hohe Gläser aufteilen. Das Getränk kann einen Tag im Kühlschrank aufbewahrt werden.

Pfirsichcocktail

1 Pfirsich • 1 Orange • 1 Glas Mineralwasser mit Kohlensäure • 2 Limettenscheiben zum Dekorieren

Den Pfirsich waschen, entkernen und klein schneiden. Die Orange schälen und ebenfalls klein schneiden. Dann alle Zutaten entsaften, mit Mineralwasser auffüllen, mit den Limettenscheiben dekorieren und servieren.

MELONEN – ECHTE SOMMERFRÜCHTE

Rezepte für 1-2 Personen

Wassermelone

Wegen ihres hohen Wassergehalts (90 % ihres Gewichts) ist die Wassermelone der perfekte Durstlöscher. Eben dieser hohe Wassergehalt hilft auch bei Problemen mit den Nieren, der Prostata (das Kauen der Samen auch), den Harnwegen und bei Übergewicht bzw. Fettleibigkeit. Außerdem wirkt die Melone sättigend und enthält große Mengen Vitamin C, Betacarotin, die Vitamine B_1 und B_6 sowie Kalium und Ballaststoffe. Beim Kauf sollte man zu den schwersten greifen und darauf achten, dass sie vibrieren, wenn man leicht klopft. Einmal aufgeschnitten sollte man sie so schnell wie möglich verzehren.

Zuckermelone

Auch die Zuckermelone ist eine höchst erfrischende Frucht und darum ideal für heiße Sommertage. Abgesehen von ihren durstlöschenden Eigenschaften enthält diese Melone auch viel Vitamin C und Betacarotin, was in dieser Jahreszeit, in der wir uns oft der Sonne aussetzen, besonders wichtig ist. Am größten ist das Vorkommen in der Cantaloupe-Melone (wegen ihres orangen Fruchtfleisches), gefolgt von der Galiamelone. Der Verzehr vor dem Essen hilft bei der Verdauung. Die Zuckermelone reinigt und wirkt harntreibend, enthält Kalium, Folsäure und Vitamin B_5. Reife Melonen klingen beim Klopfen dumpf und die Schale gibt etwas nach, wenn man Druck auf das untere (also dem Stiel entgegengesetzte) Ende ausübt.

Frische Wassermelone

300 g Wassermelone

Wassermelone aufschneiden, Kerne entfernen, klein schneiden und im Entsafter entsaften. Dann den Saft in Gläsern servieren. Wassermelonensaft ist das Sommergetränk schlechthin. Den Saft einfach über den Tag verteilt trinken, auch wenn man gerade auf Diät ist.

Saure Wassermelone

1 Scheibe Wassermelone • 1 Zitrone

Die Wassermelone entsaften, in ein Glas füllen und den Saft der Zitrone hinzufügen. Alles gut durchmischen. Diese beiden Früchte haben den niedrigsten Zuckergehalt aller im Alltag verwendeten Obstsorten. Ihre Kombination schmeckt und ist erfrischend.

Erfrischungsdrinks

Rezepte für 1-2 Personen

Tomatensaft

1/2 kg Tomaten • Fein geriebene Schale und Saft von 1/2 Zitrone

Tomaten schälen und entkernen. Gemeinsam mit Zitronensaft und -schale pürieren. Nach Geschmack salzen, pfeffern oder mit Gewürzen verfeinern.

Aphrodisierende Tomate

3 mittelgroße, reife Tomaten • 3 frische Karotten • 2 Stangen Stangensellerie

Die Tomaten waschen und vierteln. Ebenso die Karotten und den Stangensellerie waschen und schneiden. Dann alle Zutaten entsaften, in Gläser füllen und servieren.

Paprikasaft

1/2 roter Paprika • 1/2 grüner Paprika • 2 große Karotten

Jedes Gemüse separat entsaften und die Säfte miteinander vermischen.

Limonade

3 Zitronen • Honig oder Süßungsmittel nach Geschmack • 3/4 l Wasser • Natürliches Zitronenöl

Von den gewaschenen Zitronen zwei schälen und entsaften. Im Gefäß, das für die Limonade verwendet werden soll (z.B. einem Krug) Honig o.Ä. mit Wasser, einigen Tropfen Zitronenöl und Zitronensaft mischen. Die übrige Zitrone in Scheiben schneiden und mit jeweils einer Scheibe pro Glas dekorieren. Limonade servieren.

Gazpacho

2 Tomaten • 1/2 Gurke • 1 Knoblauchzehe • 2 Zwiebeln • 1 EL Olivenöl • 1 TL Essig • 250 ml Wasser

Alle Zutaten durch den Entsafter pressen und fertig ist das Gazpacho!

Frischer Cocktail

1/4 Honigmelone • 1/4 Limette

Die Melone waschen, aufschneiden, entkernen und zerkleinern. Die Limette schälen und ebenfalls schneiden. Dann alle Zutaten entsaften und sofort servieren.

Salatsaft

6-7 Blätter grüner Salat • 250 ml Wasser

Am besten die äußeren Salatblätter verwenden. Diese gut waschen, schneiden und gemeinsam mit dem Wasser im Entsafter oder Mixer verarbeiten. Der Saft kann kalt oder auch warm getrunken werden. Er wirkt reinigend, hilft bei Übersäuerung und Schlaflosigkeit und versorgt uns mit Mineralstoffen.

BRÄUNUNGSDRINK

Gerade im Sommer ist es wichtig, dem Körper jene Stoffe zuzuführen, die vor vorzeitiger Hautalterung, verursacht durch zu langes Bräunen, schützen und gleichzeitig eine gesunde gleichmäßige Bräunung des Körpers fördern. Hier ein passendes Rezept für den täglichen Genuss:

150 g Karotten
1 große oder 2 kleine Tomaten
100 g roter Paprika

Alle Zutaten schneiden und entsaften.

Erfrischende Tees

Im folgenden Abschnitt widmen wir uns ganz den Heilkräutertees, die zu jeder Tageszeit getrunken werden können. Es handelt sich hier um natürliche, gesunde Getränke, die jeder verträgt und die eine gute Alternative zu kohlensäurehaltigen Erfrischungen darstellen, die dem Magen oft nicht guttun und Zucker oder die wenig empfehlenswerten Süßungsmittel sowie Geschmacksverstärker im Überfluss enthalten. All diese Zusatzstoffe können einfach vermieden werden, wenn man zu selbst gemachten Getränken greift.

Mit dem Konsum von Kräutertees führen wir dem Körper Flüssigkeit zu. Eben diese ausreichende Flüssigkeitsversorgung ist im Sommer besonders wichtig für die Gesundheit unserer Haut während und nach dem Sonnenbad. Zwei Liter Wasser täglich sollte jeder von uns mindestens trinken, um Dehydrierung und Hautaustrocknung zu vermeiden, weshalb wir Ihnen Kräutertees besonders ans Herz legen. Warum nicht einfach eine größere Menge zubereiten? Die Tees können in eine Flasche umgefüllt und über den Tag verteilt getrunken werden, auch wenn man außer Haus unterwegs ist.

Pfefferminztee

1 TL Minze • 1 TL Hibiskusblüten • Schale von 1 Orange • 1 l Wasser

Sobald das Wasser kocht, die Orangenschale hinzufügen (vorher die Orange gut waschen und mit einem Bürstchen nass abbürsten) und einige Sekunden kochen lassen. Dann den Herd abschalten und die anderen Zutaten hinzufügen. Den Tee 20 Minuten ziehen lassen, abseihen, mit Honig süßen und kühl stellen. Schließlich den gekühlten Tee servieren. Da Hibiskusblüten eine große Menge Vitamin C enthalten und etwas bitter schmecken, kann man sie bei Bedarf auch durch etwas Zitronensaft ersetzen.

Rezepte für 4 Personen

Melissentee

4 TL Melisse oder Zitronenmelisse • 2 TL Minzblätter • 2 TL Poleiminze • 1 l Wasser

Das Wasser zum Kochen bringen, den Topf vom Herd nehmen und alle Zutaten sofort hinzufügen.

Die Mischung 3 bis 5 Minuten ziehen lassen, dann unter leichter Druckausübung durch ein Sieb filtern. Mit Honig, vorzugsweise Rosmarinhonig, oder Rosenzucker süßen. Rosenzucker lässt sich übrigens leicht selbst herstellen: Eine Handvoll ungespritzter, unbehandelter Rosenblätter im Mörser zerstampfen, mit feinem Puder-Rohrzucker vermengen und die so entstandene Masse in ein verschließbares Glasgefäß füllen. Dabei einige Zentimeter frei lassen, das Glas also nicht ganz vollfüllen. Das Gefäß zum Beispiel auf eine Fensterbank stellen und einen Monat lang der Sonne aussetzen. Jeden Tag durchschütteln. Fertig ist der Rosenzucker!

Erfrischende Tees

Rezepte für 4 Personen

Hibiskusblütentee

4 TL Hibiskusblüten • 4 TL Melissenblätter • 2 TL Hagebutten • 1 l Wasser

Zuerst das Wasser zum Kochen bringen, dann den Topf vom Herd nehmen und die Hibiskusblüten, die Melissenblätter und die Hagebutten hinzufügen. Den Tee 5 Minuten lang zugedeckt ziehen lassen und mithilfe eines Teesiebes abseihen. Nach Geschmack mit Honig oder Zucker süßen und gerade im Sommer im Kühlschrank kalt stellen. Auffällig ist das wunderschöne Rot des Tees und kalt getrunken wirkt er besonders erfrischend – ein exzellenter Durstlöscher!

Primeltee

2 EL Primelblätter und Primelblüten • Schale von 1 Zitrone • Saft von 2 Zitronen • 1 l Wasser

Die Hälfte des Wassers zum Kochen bringen und die Primelblüten und -blätter hinzufügen. Dann mit der anderen Hälfte des Wassers auffüllen, abkühlen lassen und den Zitronensaft sowie die klein geschnittene Zitronenschale beimengen. Für 12 bis 24 Stunden in den Kühlschrank stellen. Schließlich mit einem Stück Kandiszucker servieren, das kräftig an der Schale einer gut gewaschenen oder aus biologischem Anbau stammenden Zitrone gerieben wurde. Nicht vergessen: Zitrusfrüchte, deren Schale nicht für den Verzehr bestimmt ist (wird angegeben), sind meistens mit Pestiziden behandelt. Darum diese Früchte vor dem Verarbeiten mit einem Bürstchen und viel Wasser gründlich reinigen.

Minzsud mit Süßmandeln

50 g Süßmandeln • 5 Blätter frische Minze • 1 l Wasser

Die Mandeln in einem Mörser oder mit dem Mixer zerkleinern; um das Zerreiben vor allem im Mörser zu erleichtern, kann man einen Schuss Milch hinzuzufügen. Die Mandelmasse gemeinsam mit dem Liter Wasser in ein emailliertes oder aus rostfreiem Stahl bestehendes Gefäß füllen. Alles erhitzen und ca. 5 Minuten auf kleiner Flamme kochen lassen. Ab und zu umrühren, um ein Anbrennen der Mandeln zu verhindern. Vom Herd nehmen, die Minze hinzufügen und 5 Minuten ziehen lassen. Nun den Sud mithilfe eines Siebes vorsichtig abseihen, nach Geschmack süßen, in eine verschließbare Glasflasche umfüllen und im Kühlschrank erkalten lassen. Sobald der Sud kühl genug ist, kann er serviert werden.

TEE ODER SUD?

Sowohl Tees als auch Sude zählen zur Gruppe der „Heilkräutertees". Tees jedoch werden gewöhnlich hergestellt, indem man Pflanzen mit heißem, fast kochendem Wasser übergießt und die so erhaltene Flüssigkeit ziehen lässt. Ein Sud (Dekokt) hingegen entsteht, wenn man die Pflanze gemeinsam mit kaltem Wasser erhitzt, das Ganze einige Minuten lang kochen lässt und dann mit einem Sieb filtriert.

Erfrischende Tees

Ysoptee

4 TL Ysopblüten (Josefskraut) • 4 Kardamomkapseln • Saft von 2 Zitronen • 1 l Wasser

Das Wasser zum Kochen bringen. In der Zwischenzeit die Kardamomkapseln mit sehr sauberen Händen öffnen und die darin enthaltenen kleinen, zusammenklebenden Samen herauslösen. Mit den Fingern trennen und in einem Mörser gründlich zu einem Pulver vermahlen, was ein intensives Aroma freisetzt, das sofort den ganzen Raum erfüllt. Sobald das Wasser kocht, die Ysopblüten und das Kardamompulver hinzufügen. Den Topf vom Herd nehmen und die Mischung 4 bis 5 Minuten lang ziehen lassen, dann durch ein Sieb filtern, in einen Krug füllen und im Kühlschrank erkalten lassen. Wer möchte, kann den Tee vor dem Servieren natürlich gerne noch mit einigen Tropfen Zitronensaft abschmecken. Schließlich das fertige Getränk in elegante Gläser füllen und diese mit frischen Ysopblüten dekorieren.

Angelikasud

20 g Angelika (Engelwurz) • 10 frische Blätter Zitronenmelisse • 1 Zimtstange • Eine Prise geriebene Muskatnuss • 1 Gewürznelke • Schale von 1/2 Zitrone • 1 l Wasser

Sobald das Wasser kocht, alle Zutaten (fein geschnitten) außer der Zitronenmelisse hinzufügen. 5 Minuten lang kochen lassen, dann den Herd abschalten und die Zitronenmelissenblätter sowie bei Bedarf etwas Honig beimengen. Den Topf mit einem Deckel gut verschließen und 30 Minuten lang ziehen lassen. Abseihen und im Kühlschrank erkalten lassen. Je nach Geschmack kann man den Sud vor dem Servieren gerne noch mit einigen Tropfen Zitronensaft verfeinern.

Anismilch

1 TL Anissamen • 1 l Milch

Die Milch erhitzen und, sobald sie Bläschen wirft, die Anissamen einstreuen und etwa 10 Minuten lang auf kleinster Flamme unter Umrühren kochen lassen. Dann den Sud mithilfe eines Siebes filtern und bei Bedarf mit etwas Honig süßen. Entweder warm oder kalt trinken (vorher im Kühlschrank abkühlen lassen). Vor allem in kühler Form stillt die Anismilch den Durst und erfrischt gleichzeitig.

Orangentee

2 TL getrocknete Orangenschale • 2 TL getrocknete Zitronenschale • 3 Gewürznelken • Saft von 2 Orangen • 1 l Wasser

Das Wasser zum Kochen bringen, den Topf vom Herd nehmen und die getrockneten Orangen- und Zitronenschalen sowie die Nelken einrühren. 20 Minuten lang ziehen lassen und den Orangensaft hinzufügen. Mit etwas Honig (am besten Orangenblütenhonig) süßen und – je nach Geschmack – warm oder kalt servieren.

Kirschensud

250 g Kirschen • 25 g Orangenblüten • 250 g Apfel • 1 l Wasser

Die Orangenblüten im Wasser einige Minuten kochen lassen und dann die kochende Flüssigkeit in ein weiteres Gefäß, das bereits die entkernten Kirschen und den geschnittenen Apfel enthält, umschütten. Den Sud 30 Minuten lang ziehen lassen und schließlich durch ein Sieb filtern, wobei man auf die Kirschen und Apfelstücke einen leichten Druck ausübt. Mit Honig süßen.

Salbeitee mit Mandarine

8 Salbeiblätter • 6 bis 7 Mandarinenspalten • 1 l Wasser

Den Tee folgendermaßen zubereiten: Die Salbeiblätter in frisch gekochtes Wasser einlegen und einige Minuten ziehen lassen. Dann abseihen, die Mandarinenspalten hinzufügen und alles mit dem Stabmixer bzw. im Mixer pürieren. Mit etwas Honig süßen.

Eistee

Der sogenannte „Eistee" gelingt und schmeckt am besten, wenn man ihn gleich kalt zubereitet. Dafür reicht es, einfach einen Krug mit Wasser (auch Mineralwasser) zu füllen, den Tee hinzuzufügen, gut umzurühren und ihn dann die ganze Nacht im Kühlschrank ziehen zu lassen. Es empfiehlt sich aber, den Tee vor dem Servieren einige Minuten außerhalb des Kühlschranks stehen zu lassen, da sich der Genuss von zu kalten Getränken negativ auf Nieren und Blase auswirkt. Während man darauf wartet, dass sich der Tee ein wenig an die Raumtemperatur anpasst, kann man ihn mit einem Minzblatt oder auch einer Scheibe Zitrone verzieren. Hat man losen Tee benutzt, muss man das Getränk natürlich vor dem Konsum ein- oder sogar zweimal abseihen (mit Papierfilter). Dann süßen und in breiten Gläsern, auf Wunsch mit Eiswürfeln, servieren.

EISTEEWÜRFEL

Es spricht nichts dagegen, den Tee in Eiswürfelbehälter zu füllen, einzufrieren und die fertigen Eisteewürfel zu genießen. Schmeckt lecker!

Rezepte für 4 Personen

Zitrusfrüchtetee

1 l Wasser • 4 EL Schwarztee • Saft von 1 Zitrone • 1/2 l frisch gepresster Orangensaft • Zitronenscheiben • Frische Minzblätter • Rohrzucker

In einem Glaskrug das Wasser mit dem Tee und den Minzblättern mischen, nach Geschmack süßen, noch einmal umrühren und 3 Stunden lang vorzugsweise im Kühlschrank ziehen lassen. Dann den Tee abseihen, Orangen- und Zitronensaft sowie die Zitronenscheiben hinzufügen und wieder im Kühlschrank erkalten lassen. Wenn notwendig noch einmal süßen und mit Zitronenscheiben und Minzblättern verziert servieren.
Für einen noch erfrischenderen Effekt einfach zerstoßenes Eis hinzufügen. Eine nicht weniger interessante Variante ist auch, den Tee mit 1 TL Zimtpulver zu verfeinern.

Kühler Grüntee mit Zimt

1 l stilles Mineralwasser • 4 EL Grüntee • 5-6 TL Honig • 1/2 Zimtstange • 5-6 EL Honig • 1 TL Zitronensaft • Angosturabitter

Wasser, Tee und die Zimtstange (in Stückchen) in einem Topf zum Kochen bringen und die Mischung abseihen. Dann in den noch heißen Tee den Honig den Zitronensaft und einige Tropfen Angosturabitter hinzufügen. In den Kühlschrank stellen, abkühlen lassen und den fertigen kalten Tee servieren.

Klassischer Eistee

1 l Wasser • 4 EL Schwarztee • Rohrzucker

Das Wasser in einem Topf erhitzen und, noch bevor es kocht, vom Herd nehmen. Den Tee hinzufügen und 5 Minuten ziehen lassen. Abseihen, in einen Krug füllen und im Kühlschrank kalt stellen. Schließlich nach Geschmack süßen und mit Eiswürfeln servieren.

Eistee

Rezepte für 4-6 Personen

Indischer Eistee

1 l Wasser • 2 EL Grüntee • 1/2 l Milch • 1 EL Schlagsahne • Prise Salz • Minzblätter • Zitronenscheiben

Milch und Tee in kochendes Wasser geben und 5 Minuten lang köcheln lassen. Salzen, erkalten lassen und abseihen. Mit Schlagsahne und Eiswürfeln servieren und mit Minzblättern und Zitronenscheiben dekorieren.

Festtagstee

1 l Grüntee • 25 g Minzblätter • 250 ml Orangensaft • 250 ml Zitronensaft • 5-6 EL Orangenhonig • Eiswürfel • Zitronen- und Orangenscheiben

Den Honig in etwas Wasser auf mittlerer Stufe zum Kochen bringen, Minzblätter hinzufügen und 5 Minuten auf kleiner Flamme lang köcheln lassen. Ist die Mischung abgekühlt, gießt man Tee und Säfte dazu. Gut umrühren und in einem großen, mit den Obstscheiben dekorierten Krug und Eiswürfeln servieren.

Kirschpunsch mit Grüntee

250 g entkernte Kirschen • 1 1/2 l kalter Grüntee • 1 TL frisch gehackter Ingwer • 130 g brauner Zucker • 1 Zimtstange • Zitronensaft

Die Kirschen mit 2 Tassen Grüntee zum Kochen bringen und auf kleiner Flamme 15 Minuten lang köcheln lassen. Abseihen und in den restlichen Tee, der separat mit der Zimtstange und dem Ingwer gekocht wurde, tropfen lassen. Die ganze Mischung filtern und dann den Zitronensaft und den Zucker hinzufügen. Gut durchrühren, im Kühlschrank erkalten lassen und den fertigen süßen, aber gleichzeitig wunderbar würzigen Punsch servieren. Regt den Appetit an!

Grüntee mit Minze

2 Handvoll frische Minze • 1 l Grüntee • 1 EL Honig • 1 EL Zitronensaft

In einem Topf die Minzblätter mit einer Tasse Tee und dem Honig übergießen. Dann diese Mischung erhitzen, bis sie siedet und die Temperatur reduzieren. Auf kleiner Flamme 10 Minuten lang köcheln lassen. Die so entstandene sirupartige Flüssigkeit abseihen, sobald sie auf Zimmertemperatur abgekühlt ist. Schließlich den Zitronensaft sowie den restlichen Grüntee einrühren. Den fertigen Tee einkühlen und mit Minze und Zitronenscheiben dekoriert servieren.

GRÜNE FRISCHE

Dieses Rezept eignet sich perfekt für besonders heiße Sommertage. Es schmeckt und wirkt wunderbar erfrischend, dank des Menthols, das in der Minze enthalten ist.

Eistee

Mangosorbet mit Grüntee

1/2 l Grüntee • 8 geschälte, gewürfelte Mangos • 250 ml frischer Limettensaft • 4 EL klein gehackter Ingwer • 130 g Rohrzucker

Den Grüntee gemeinsam mit dem Zucker 5 Minuten lang köcheln und dann auf Zimmertemperatur abkühlen lassen. Die Mangowürfel und den Ingwer gemeinsam im Mixer pürieren und in den Tee einrühren. 1 Stunde in den Tiefkühler stellen und dabei immer wieder kurz herausholen und umrühren, damit eine cremige Konsistenz entsteht. Dann im Mixer mixen und noch einmal einfrieren. Der grasige Geschmack des Grüntees und die Süße der Mango ergänzen sich perfekt.

Teecocktail

450 ml Grüntee • 300 g Honig • 300 ml Orangensaft • 300 g frische, geschnittene Früchte • 3 kleine Flaschen Ginger Ale • Zerstoßenes Eis

Alle Zutaten außer dem Ginger Ale und dem zerstoßenen Eis, die man erst vor dem Servieren hinzufügt, mischen. Schmeckt der Cocktail zu intensiv, mit Ginger Ale oder Wasser verdünnen.

Grüntee mit Zitrone

1/2 l Zitronenlimonade • 1 l Grüntee • Brauner Zucker • Zitronensaft

Zitronenlimonade und Tee mischen und kalt stellen. Die Ränder der Gläser mit Zitronensaft befeuchten und kopfüber in den braunen Zucker dippen. Dann auch die Gläser mindestens 10 Minuten in den Kühlschrank stellen und erst herausnehmen, wenn der Tee servierbereit ist. Diesen dann vorsichtig einschenken und darauf achten, die Zuckerränder nicht zu zerstören. Dann mit Minze verzieren und servieren.

Apfeltee

4 Beutel Grüntee • 1 l Apfelsaft • 6 Zimtstangen • Vanillesamen (Mark) • In Streifen geschnittene Zitronen- oder Orangenschale

Apfelsaft zum Kochen bringen und damit wie mit Wasser den Grüntee zubereiten (2-3 Minuten Ziehdauer). Die Teebeutel entfernen. Dann mit dem heißen Tee die Orangen- oder Zitronenschalen, die Zimtstangen und die Vanillesamen übergießen. Kalt oder warm servieren.

Tee-Granizado

1 l Tee (beliebige Sorte) • Rohrzucker • Einige Minzblätter

Tee zubereiten, süßen und kalt stellen. Dann in einem dafür geeigneten Gefäß einfrieren und mit einem Eiswürfelzerkleinerer oder mit einem Hammer (in ein Geschirrtuch gewickelt) zerstoßen. Mit Minzblättern servieren.

Rezepte für 4-6 Personen

Tee-Sangria

1 l starker Schwarztee • 1 Grapefruit • 1/2 Ananas • 2 eingelegte Pfirsiche • Saft von 1 Zitrone • Rohrzucker

Den Tee nach Geschmack süßen, die Früchte schneiden und alles gemeinsam in einen Krug füllen. Den Zitronensaft hinzufügen, alles gut umrühren und einige Stunden im Kühlschrank ziehen lassen. Mit Eiswürfeln servieren.

Tee-Milchshake

1 l Milch • 2 EL Tee (beliebige Sorte) • 1/2 l Kokoseis • Schale von 1 grünen Zitrone bzw. Limette • Rohrzucker oder Honig

Die Milch zum Kochen bringen, vom Herd nehmen und den Tee 5 Minuten lang im verschlossenen Topf ziehen lassen. Abseihen und abkühlen lassen. Dann einige Stunden im Kühlschrank aufbewahren. Das Kokoseis mit dem Mixer mixen, die Milch und die Zitronenschale hinzufügen, nach Geschmack süßen und in großen Gläsern mit einem Strohhalm servieren.

Früchtetee

1 l Grüntee • Saft von 2 Orangen • 250 ml Ananassaft • Brauner Rohrzucker

Grüntee (nicht mehr als 3 Minuten Ziehdauer) mit Ananas- und Orangensaft mischen. Dann das Getränk nach Geschmack süßen, einige Zeit in den Kühlschrank stellen und servieren.

Granizados

Hauptbestandteil von Sorbets und Granizados* ist zu 85 bis 90 % das Wasser; sie haben daher nicht viele Kalorien. Ihr Nährwert beträgt etwa 70 kcal pro 100 ml. Diese kühlen Erfrischungen enthalten kein Fett, was gut für unseren Cholesterinwert ist. Trotzdem sollte man Sorbets u.Ä. nicht ohne Maß und Ziel konsumieren, da der Anteil an Zucker doch relativ hoch ist. Natürlich können wir diesen Zuckeranteil kontrollieren bzw. niedrig halten. Zu Hause zubereitet, sind Granizados und Sorbets für jeden geeignet, auch für Menschen, die an Übergewicht, Diabetes oder einem hohen Triglyceridspiegel leiden. Aufgrund ihrer gesunden Zusammensetzung sind diese Erfrischungen also ideal für all jene, die auf ihre Figur achten und deshalb nicht auf kühlende Softdrinks oder Milcheis zurückgreifen wollen. Heutzutage gibt es schon lange keine Entschuldigung mehr, sich nicht auf gesunde Weise zu erfrischen.

Der Fruchtanteil von Sorbets liegt bei 15 %, was bedeutet, dass ihr natürlicher Vitamingehalt – auch wenn er an den von frischen Früchten klarerweise nicht herankommt – bei weitem höher ist, als der von gewöhnlichem Milcheis oder auch Wassereis.

Auch für Granizados wird meistens eine Zitrone verwendet, doch auch Kaffee, Ananas und Zimt, Birne, Erdbeere, Banane usw. kann man für die Herstellung dieser beliebten und höchst sommerlichen Erfrischung wählen.

Es gibt wenig, was an einem heißen Tag so effektiv kühlt wie ein gutes Granizado. Ein simpler Genuss für jedermann.

* Erfrischungsgetränke mit zerstoßenem Eis

Ananas-Granizado

3 Scheiben Ananas • Eine Prise Zimtpulver • Zerstoßenes Eis nach Geschmack (optional)

Ananasscheiben entsaften und den Saft in ein hohes Glas gießen. Zerstoßenes Eis hinzufügen und mit Zimtpulver bestäuben. Das Resultat ist ein höchst aromatischer Saft. Hat man keinen Eiswürfelzerkleinerer zur Verfügung, kann man das Eis auch – eingewickelt in ein sauberes Küchentuch – im Mörser zerkleinern.

Sangria-Granizado

1/2 Wassermelone • Saft von 1/2 Zitrone • 1 EL Zucker

Die Melone ohne Schale und Kerne in Stückchen schneiden und mit dem Zitronensaft und dem Zucker pürieren. Die Mischung in einem geeigneten Gefäß im Tiefkühler für etwa 2 Stunden einfrieren und dann mithilfe eines Mixers auf kleiner Stufe zerkleinern. Noch eine weitere Stunde im Tiefkühlschrank einfrieren. Das fertige Granizado in Gläser füllen und sofort servieren.

Kiwi-Granizado mit roten Früchten

3 Kiwis • 9 EL Zucker • 1 Zitrone • 150 g rote Früchte • 500 g Eiswürfel • 75 ml Grenadinesirup

In einem Topf die roten Früchte, den Zitronensaft und 6 EL Zucker langsam auf kleiner Flamme erhitzen, bis daraus eine einheitliche Masse wird. Dann diese Mischung entsaften und beiseitestellen. Den Grenadinesirup in einer Pfanne reduzieren. Währenddessen die Kiwis schälen, schneiden und gemeinsam mit dem restlichen Zitronensaft und 2 EL Zucker in einem Mixer pürieren und anschließend durch ein Sieb passieren. Das Eis klein hacken, bis es wie Hagelkörner aussieht.

Den Grenadinesirup auf einen Teller und den noch übrigen EL Zucker auf einen zweiten Teller leeren. Jedes Glas kopfüber erst in den Grenadinesirup, dann in den Zucker dippen. Schließlich die Gläser zuerst mit zerstoßenem Eis, dann mit dem Kiwipüree und als Letztes mit der roten Fruchtsoße füllen und das fertige Granizado sofort servieren.

Granizados

Rezepte für 1-2 Personen

Zitronen-Granizado

1/2 l Wasser • 300 g Zucker • 300 ml Zitronensaft

Wasser und Zucker zum Kochen bringen, vom Herd nehmen und abkühlen lassen. Dann den Zitronensaft hinzufügen, gut durchrühren und im Tiefkühler einfrieren. Alle 15 bis 20 Minuten einmal durchrühren. Wichtig ist, dass die Mischung nicht in einem Block gefriert. Ist eine kristallartige Konsistenz erreicht, ist das Granizado fertig. Nun in Gläser füllen, mit Zitronenscheiben dekorieren und servieren.

Kaffee-Granizado

50 g grob gemahlener Kaffee • 30 g Puderzucker • 1/2 l Wasser • Kaffeebohnen und Schlagsahne (steif) zum Dekorieren

In einem Topf Wasser und Zucker 5 Minuten auf kleiner Flamme köcheln lassen. Vom Herd nehmen, den Kaffee hinzufügen und 15 Minuten lang ziehen lassen. Mithilfe eines engmaschigen Siebes und einem feinen Stoff oder auch Kaffeefilter abseihen. In einen Eiswürfelbehälter oder auch eine metallene Backform füllen, abdecken und 30 Minuten lang einfrieren. Dann wieder herausnehmen, umrühren und weitere 30 Minuten in den Tiefkühler stellen. Diesen Vorgang noch zweimal wiederholen, bis eine schneeartige Konsistenz erreicht ist. In hohen Gläsern servieren.

Minze-Zitronen-Granizado

Saft von 6 Zitronen • 1 Handvoll Minzblätter • 1/2 l Wasser • 500 g Eiswürfel • 200 g Zucker

Zuerst die Zitronen gut auspressen und den Saft in das Mixglas gießen. Dann Eiswürfel, Wasser, Zucker und den Minzblätter dazugeben.

Mixen, bis die typische Konsistenz eines Granizados entsteht. Lieber in kurzen, ruckartigen Durchgängen mixen (bzw. die Einstellung „Eis zerkleinern" wählen), nicht ohne Pause wie sonst. Das zerstößt das Eis viel gleichmäßiger und schont außerdem auch die Klingen des Gerätes. Das fertige Granizado in hohen Gläsern servieren und mit einigen Minzblättern oder einer Zitronenscheibe am Rand des Glases verzieren. Die ideale Erfrischung für heiße Sommertage!

Limetten-Granizado

6 Limetten • 20 g Minzblätter für das Granizado • 10 g Minzblätter für die Dekoration • 1/2 l Wasser • 250 g Zucker • 800 g Eiswürfel

Die Limetten gründlich waschen und ungeschält vierteln. Dann die Limettenstücke und das Wasser in das Mixglas füllen und mit kurzen Stößen mixen. Umfüllen und beiseitestellen.

Nun den Mixer gut ausspülen und die Flüssigkeit wieder einfüllen. Dann die Minzblätter, Zucker und Eiswürfel hinzufügen und 30 Sekunden (mit der korrekten Einstellung für Eiswürfel) mixen. In hohen Gläsern mit einem Strohhalm und Minzblättern nach Geschmack dekoriert servieren.

Granizados

Karibisches Granizado

1/2 Ananas • 1 Mango • 2 Maracujas • 8 Eiswürfel

Die Ananas schälen und das feste Herz entfernen. Das Fruchtfleisch würfeln. Dann die Mango schälen und entkernen. Die beiden Früchte in das Mixglas füllen. Dann die Maracujas in der Hälfte durchschneiden und das Fruchtfleisch mit einem Löffel herauslösen. Gemeinsam mit dem Eis im Mixer pürieren, bis keine Klumpen mehr zu sehen sind. Wir empfehlen dieses köstliche tropisch inspirierte Getränk etwa 30 Minuten vor dem Essen zu verzehren. Die Zutaten wirken höchst positiv auf die Verdauung!

MANGO

Mangos sind besonders reich an Vitamin A und fördern dadurch vor allem die Gesundheit von Augen und Haut.

Erdbeer-Orangen-Granizado

4 Orangen • 1/2 kg Erdbeeren • 50 g Zucker

Die Orangen auspressen und die Erdbeeren im Mixer pürieren. Ein Glas Wasser und den Zucker erhitzen und so einen leichten Sirup herstellen. Die Hälfte dieses Sirups mit dem Orangensaft, die andere Hälfte mit dem Erdbeerpüree vermischen und die beiden Massen in jeweils einem Eiswürfelbehälter für 2 Stunden einfrieren. Dann aus dem Tiefkühler nehmen und separat mit dem Eiswürfelzerkleinerer zerkleinern. Schließlich in große Gläser füllen, erst das Erdbeer- und dann das Orangengranizado, bis ein hübsches zweifarbiges Getränk entsteht.

Melonenerfrischung

1 1/2 kg Wassermelone • Saft von 1 Limette • 12 Eiswürfel

Dieses Getränk eignet sich am besten zum Genuss auf leeren Magen. So verhindert man Probleme (wie Blähungen), die dadurch auftreten können, dass die Wassermelone einige Nahrungsmittel zum Vergären bringt. Das Fruchtfleisch der Melone aus der Schale lösen, grob schneiden und mit Eiswürfen und Limettensaft mixen, bis eine homogene Flüssigkeit entsteht.

Rote Früchteexplosion

100 g Himbeeren • 100 g Erdbeeren • 100 g Blaubeeren (alle tiefgekühlt) • 1/2 l Apfelsaft

Alle Zutaten im Mixglas so lange mixen, bis keine Klumpen mehr zurückbleiben.

ANTIOXIDANS

Die Verwendung dieser Beeren ist der Grund, warum dieses Getränk zu den Antioxidantien zählt. Es bekämpft den Alterungsprozess und Krampfadern, wirkt positiv auf das Sehvermögen und stärkt obendrein noch die Gefäße.

Granizados

Blaubeer-Granizado

250 g Blaubeeren, tiefgekühlt • 250 ml Johannisbeersaft

Blaubeeren und Johannisbeersaft im Mixer pürieren, bis eine einheitliche Masse entsteht.

Beeren und Saft ergänzen sich in dieser erfrischenden, aber trotzdem einfachen, leckeren und nahrhaften Kombination perfekt. Wir empfehlen die Verwendung von ungezuckertem Johannisbeersaft aus biologischem Anbau.

JOHANNISBEEREN

Johannisbeeren sind eine wichtige Polyphenolquelle. Diese aromatischen Verbindungen sind verantwortlich für die typische Farbe der Beeren, bekämpfen Blasenentzündungen und wirken gleichzeitig positiv auf das Herz-Kreislauf- und das Immunsystem.

Früchtefrappé

2 Äpfel • 2 Orangen • 1 Banane • 250 g Erdbeeren, tiefgekühlt • 8 Eiswürfel

Dieses köstliche Frappé ist reich an Vitamin C. Beim Schälen der Orangen die weißen Innenschalen nicht wegwerfen! Diese Fasern enthalten nicht nur Ballaststoffe, sie helfen dem menschlichen Organismus auch, Vitamin C besser zu aufzunehmen. Wer keinen Entsafter hat, kann Äpfel und Orangen durch jeweils 100 ml Bio-Apfelsaft und 100 ml Bio-Orangensaft ersetzen.

Für das Frappé zuerst die Äpfel vierteln und – sollten sie dann immer noch zu groß sein – noch einmal halbieren. Dann die Orangen schälen und das Fruchtfleisch in Würfel schneiden. Äpfel und Orangen entsaften. Die Banane schälen und schneiden. Mit dem Apfel- und Orangensaft, den Erdbeeren und den Eiswürfeln gemeinsam im Mixer pürieren, bis eine homogene Flüssigkeit entsteht.

Bananen-Granizado mit roten Früchten

1 Banane • 200 g gemischte Beeren, tiefgekühlt • 250 ml Orangensaft • 2 EL Beerensorbet

Die Banane schälen und schneiden. Mit den anderen Zutaten mixen, bis eine sämige Flüssigkeit entsteht. Diese Mischung aus natürlich süßen Früchten ist reich an Vitamin C. Ihr Genuss zaubert uns ein Lächeln auf die Lippen und bringt sowohl unser Immun- als auch unser Verdauungssystem ins Gleichgewicht.

Pfirsichexplosion mit Pflaumen und Aprikosen

1 Pfirsich • 1 Pflaume • 2 Aprikosen • 125 ml frisch gepresster Orangensaft • 8 Eiswürfel

Den Pfirsich, die Pflaume und die Aprikosen halbieren und jeweils den Kern entfernen. Jetzt die Früchte in grobe Scheiben schneiden und mit dem Orangensaft und den Eiswürfeln gemeinsam so lange mixen, bis eine homogene Flüssigkeit entsteht.

PFIRSICH, PFLAUME UND APRIKOSE

Diese drei Früchte zählen zum Steinobst und sind am aromatischsten und nahrhaftesten, wenn man sie zu ihrer Reifezeit kauft. Alle drei sind reich an Antioxidantien, Ballaststoffen und Vitamin C, vor allem in Kombination mit dem immer beliebten Orangensaft. Unser Saft hilft bei der Vorbeugung von Anämie und bekämpft Erkältungen und sogar Grippe.

Granizados

Ananas-Granizado mit Minze und Ingwer

1/2 kleine Ananas (ca. 850 g)
• 1 TL frisch geriebener Ingwer
• 2 Zweige Minze • 8 Eiswürfel

Die Ananas schälen und den harten Kern entfernen. Grob schneiden und gemeinsam mit dem Ingwer, den Minzblättern und den Eiswürfeln so lange mixen, bis eine einheitliche Flüssigkeit entsteht.

INGWER

Ingwer hilft bei der Aufspaltung von Nahrung und beruhigt bei Übelkeit. Außerdem regt er den Blutkreislauf an. In Getränken unterstützt er die Verdauung der anderen Inhaltsstoffe. Unser Fruchtsaft fördert besonders dann die Verdauung, wenn man ihn 1/2 Stunde vor dem Essen oder auch als Erfrischung an einem heißen Sommertag trinkt. Er hilft auch bei schwangerschaftsbedingter Morgenübelkeit oder sonstigem Unwohlsein des Magens.

Blaubeer-Granizado mit Himbeeren und Trauben

3 große Rispen rote Trauben
• 300 ml Johannisbeersaft
• 4 EL Himbeersorbet

Den Großteil der Trauben schälen, einige ungeschält lassen. In Stücke schneiden und in einer Saftpresse auspressen bzw. entsaften. Traubensaft, den Johannisbeersaft und das Himbeersorbet im Mixer verarbeiten, bis keine Klumpen mehr bleiben. In einem flachen Plastikgefäß 4 Stunden einfrieren. Dann mixen, bis eine homogene Masse entsteht.

Dieses kräftigende Getränk entgiftet obendrein auch, weil die Trauben die Produktion der Leberenzyme anregen, die für die Entgiftung zuständig sind. Die Schalen der Trauben helfen dem Körper bei der Absorption von Vitamin C. Wer nicht entsaften möchte, ersetzt die 300 ml frisch gepressten Traubensaft durch die ganzen Trauben und fügt diese zu den anderen Zutaten im Mixer hinzu.

Guaven-Erdbeerer-Mix mit Apfel

4 Äpfel • 250 g Erdbeeren
• 200 ml Guavennektar
• 12 Eiswürfel

Die Äpfel in Stücke schneiden und die grünen Stiele der Erdbeeren entfernen. Das Obst entsaften. Den fertigen Saft in ein Mixglas gießen und gemeinsam mit dem Guavennektar und den Eiswürfeln so lange mixen, bis keine Klumpen zurückbleiben.

Die Guave ist reicher an Vitamin C als der Großteil der Zitrusfrüchte und enthält auch noch die Vitamine A und B. Wer will, kann das Rezept auch ohne Entsafter zubereiten. Das zerstoßene Eis lässt sich ebenfalls herstellen, entweder mit einem Eispickel oder indem man die Eiswürfel in ein Küchentuch oder ein Plastiksäckchen wickelt und kräftig mit einem Hammer draufschlägt.

Granizados

Orange, Birne und Banane

2 Birnen • 2 Orangen • 1 Banane • 8 Eiswürfel

Die Birnen in Stücke schneiden. Die Orangen schälen und würfeln. Die Birnen- und Orangenstücke entsaften. Saft in ein Mixglas leeren. Dann die geschälte, in Scheiben geschnittene Banane und die Eiswürfel hinzufügen und alles verarbeiten, bis eine homogene Flüssigkeit entsteht.

Dieses Getränk enthält viele Ballaststoffe und Vitamin C und versorgt uns mit Energie. Wer in Eile ist, ersetzt Birnen und Orangen durch je 250 ml fertigen Saft und verwendet nur den Standmixer.

Himbeer-Apfel-Traum

300 g Himbeeren • 250 ml Apfelsaft • 12 Eiswürfel • Mineralwasser (prickelnd) zum Servieren

Himbeeren, Apfelsaft und das Eis im Mixer verarbeiten, bis keine Klumpen mehr zu sehen sind. In 4 hohe Gläser gießen und mit prickelndem Mineralwasser auffüllen. Himbeeren zählen zu den Antioxidantien, enthalten Ballaststoffe und phytochemische Substanzen, die Krankheiten vorbeugen. Diese Getränk ist ideal, um sich an einem heißen Sommertag abzukühlen und die Kohlensäure des Mineralwassers macht daraus einen köstlichen, aber alkoholfreien Cocktail.

Mango und Beeren

1 große Mango, ca. 550 g
• 150 g Himbeeren, tiefgekühlt
• 250 ml Johannisbeersaft
• 1 TL Honig (bei Bedarf)

Die Mango schälen, halbieren und das Fruchtfleich gemeinsam mit den Himbeeren und dem Johannisbeersaft im Mixer verarbeiten, bis eine sämige einheitliche Masse entsteht. Kosten und bei Bedarf den Honig hinzufügen. Kleiner Tipp: Der Kombisaft aus Mango, Himbeeren und Johannisbeeren eignet sich besonders nach dem Training. Er lädt unsere Energiereserven wieder auf. Mangos sind reif übrigens am leckersten. Sie schmecken wunderbar aromatisch und punkten noch dazu mit einer seidigen und cremigen Konsistenz.

Rezepte für 2 Personen

MANGO

Eine wirklich reife Mango ist ein echtes Geschenk der Natur. Leider werden sie nur zu oft noch grün geerntet, weswegen es in unseren Breitengraden schwierig ist, an wirklich reife Früchte heranzukommen. Natürlich kann, wer will, seinen eigenen Mangobaum im Garten pflanzen. Die Früchte aber bitte erst dann pflücken, wenn das Fruchtfleisch auf leichten Druck mit den Fingern nachgibt. Beim Kauf empfehlen wir die besonders süße Alfonso-Mango (stammt aus Indien).

Mango-Erdbeerdrink

2 Mangos • 250 g Erdbeeren • Eiswürfel zum Servieren

Die Mangos halbieren und das Fruchtfleisch mit einem Löffel herauslösen. Dieses dann gemeinsam mit den entstielten Erdbeeren im Mixer pürieren, bis keine Klumpen mehr zu sehen sind und den fertigen Saft auf Eiswürfeln servieren.

Verwenden Sie frische und nicht tiefgekühlte Erdbeeren, da diese einfach besser mit der Süße der Mango harmonieren.

Horchata! Horchata!

Der Klassiker unter den spanischen Erfrischungen ist sicherlich die Horchata (Getränk auf Basis von Erdmandeln). Diese nahrhafte pflanzliche Milch ist typisch für die Region Valencia und wird heute schon in alle Welt exportiert. Sowohl die USA als auch Frankreich konsumieren Horchata in rauen Mengen.

Das Geheimnis dieses köstlichen Getränkes liegt in der Verwendung der Erdmandel (Cyperus esculentus), auch Chufanuss genannt. Das Kontrollorgan „Consejo Regulador de la Denominación de Origen de la Chufa Valenciana" sorgt in Spanien dafür, dass für die echte Horchata nur Erdmandeln verwendet werden, die in 16 Dörfern des Landkreises „L'Horta Nord" angebaut und geerntet wurden.

Im Sommer ist die Horchata in Spanien ein beliebtes Erfrischungsgetränk. Doch die Erdmandelmilch ist dank ihres hohen Kohlenhydratanteils auch sehr nahrhaft und enthält ungesättigte Fettsäuren, Ölsäure und Vitamin E – drei Stoffe, die dazu beitragen, den Cholesterin- und Triglyceridspiegel im Blut zu regulieren. Horchata ist das ideale Getränk für Zeiten, in denen wir uns intellektuell anstrengen müssen, denn sie ist reich an Phosphor und Kalium – Mineralstoffe, die positiv auf unser Hirn wirken und die Konzentrationsfähigkeit steigern.

Vorausgesetzt man verzichtet auf Zucker, eignet sich die Horchata aufgrund ihres großen Nähr- und Energiewertes für Diabetiker, Kinder, ältere Menschen und Sportler. Personen, die an einem empfindlichen Magen, Verstopfung, Blähungen (wirkt gegen die Gärungsprozesse im Darm, die Flatulenzen verursachen) oder Durchfall leiden, bekommt ihr Genuss ebenfalls. Bevor wir nun zum Grundrezept schreiten, lohnt es sich, kurz auf die Anekdote, die die Herkunft des Namens „Horchata" erzählt, einzugehen. Im Volksmund heißt es, dass eines Tages ein junges Mädchen König Jaume I. (Jakob I. von Aragón; 1208–1276) dieses köstliche Getränk reichte. Nachdem der Monarch davon probiert hatte, rief er auf Katalanisch aus: ¡Això no és llet; això es or, xata! (Das ist keine Milch, das ist Gold, Kleine!)

Grundrezept

1 1/2 l Wasser • 325 g Erdmandeln • 175 g Zucker • 1 l Wasser (zum Einweichen der Erdmandeln)

Die Erdmandeln 24 Stunden lang einweichen. Auf diese Weise werden sie auch von Erde gereinigt. Nun die Mandeln gemeinsam mit Wasser und Zucker in einer Küchenmaschine zerkleinern. Dann die Masse durch ein Sieb gießen, das vorab mit einem Baumwolltuch bedeckt wurde. Fest drücken, damit die Flüssigkeit austritt. Was in das darunterstehende Gefäß fließt, ist schon die fertige Horchata. Die übrige Masse noch einmal mit der Küchenmaschine bearbeiten, wieder durch das Sieb drücken und diesen Schritt noch ein drittes Mal wiederholen. Was an Masse übrigbleibt, ist nicht mehr verwendbar und kann entsorgt werden. Wichtig ist, die Horchata bis zum Servieren im Kühlschrank aufzubewahren – kalt schmeckt sie am besten – und vorher noch einmal gut umzurühren, da sich die Erdmandeln gerne unten absetzen.

Wer will kann die Horchata auch noch mit etwas Zimtpulver oder der Schale einer halben Zitrone verfeinern. Das Rezept ist für 4–6 Personen.

KUBANISCHE VARIANTE

1/2 Glas Horchata
2 Kugeln Schokoladeeis
(oder Nougat, Vanille etc.)

In das mit Horchata halb gefüllte Glas die 2 Eiskugeln geben. Dann die Mischung mit einem langen Löffel zum Umrühren servieren.
Übrigens, auch wenn sich Horchata in Spanien gewöhnlich auf die Erdmandelmilch bezieht, können damit auch andere Horchatas oder Milchgetränke auf Basis von Mandeln, Reis oder Kokosnuss gemeint sein. Letztere z. B. wird gekocht und dann werden Wasser, Milch und Zucker beigemengt. Jede dieser Zutaten versorgt den Körper mit wichtigen Nährstoffen, wie sie nur in diesen Grundnahrungsmitteln zu finden sind.

Herbst

Ist der Sommer einmal vorbei, beginnt eine Periode des Überganges von warmen zu kalten Temperaturen. Es ist Herbst. Die Sonne wärmt nicht mehr wie noch vor ein paar Wochen und die Pflichten, die wir während der Ferienzeit so schön beiseitegeschoben haben, holen uns nun in dieser Jahreszeit wieder ein. Änderungen des Wetters wie frischere Tage, plötzliche Windstöße oder auch ein kräftiger Regenguss sind jederzeit möglich und können unseren Körper empfindlich aus dem Gleichgewicht bringen, wenn wir ihn nicht ausreichend stärken und schützen. Doch nicht nur äußere, sondern auch persönliche Faktoren wie Stress in der Arbeit oder mit der Familie können gerade in dieser Jahreszeit unseren Organismus anfällig für Krankheiten machen. In Anbetracht dieser Tatsachen ist es wichtig, dass wir gerade in dieser Übergangszeit auf die richtige Ernährung und ausreichende Flüssigkeitszufuhr achten.

Mehr Wasser trinken

Ausreichende Flüssigkeitsversorgung (ca. 2 l täglich) ist wichtig für das körperliche Wohlbefinden, spült Giftstoffe aus und verbessert die Nierenfunktion. Gut ist es, etwa 8 Gläser Wasser über den Tag verteilt zu trinken (2 davon auf nüchternen Magen). Gerade am Morgen nach dem Schlafen verlangt unser Körper nach Flüssigkeit, am besten in Form von Wasser (kleine Schlucke!), aber auch Tees, Suppen oder Fruchtsäfte tun uns gut, solange sie natürlich zubereitet sind.

Gesund frühstücken

Um mit voller Energie den Ta in Angriff nehmen zu können, nichts besser als ein Glas frisc gepresster Orangensaft. Der dec gleich einmal unseren Tagesbed an Vitamin C und ist ein idealer B gleiter zum herbstlichen Frühstüc das außerdem noch Getreide (z. Vollkornbrot mit Marmelade) ur ein Milchprodukt (z.B. ein Gl Milch, Joghurt oder Frischkäse) e halten sollte.

Viel Obst essen

Früchte sind zu jeder Tageszeit eine der Hauptquellen an Vitaminen und Mikro-Nährstoffen, die uns zur Verfügung steht. Auch für Entschlackungskuren eignen sie sich (z.B. Trauben) und wir können uns auch jederzeit an köstlich zubereiteten Fruchtsäften mit exotischem Geschmack erfreuen. Warum nicht einmal einen Saft aus Granatäpfeln ausprobieren? Diese einfach wie Orangen halbieren und auspressen. Schmeckt einfach großartig!

5 bis 10 Nüsse täglich essen

Mandeln, Hasel- oder Walnüsse … Mit all diesen Nusssorten (enthalten Proteine und essenzielle Fettsäuren) lassen sich ein Frühstück, aber auch ein Salat oder eine Nachspeise verfeinern. Doch auch andere ölhaltige Samen, wie z.B. Leinsamen (reich an Omega-6-Fettsäuren), Sesamkörner, Kürbis- oder Sonnenblumenkerne, können dazu verwendet werden.

Ein Entschlackungstag

Gerade während der Übergangsjahreszeit ist es sinnvoll, einen Tag für eine Entschlackungskur zu reservieren, um den Körper zu reinigen. Ziel ist, die Ausscheidung von Giftstoffen zu erleichtern und dem Verdauungssystem eine Ruhepause zu gönnen. Im Herbst können wir z.B. einen Obsttag mit Äpfeln oder Trauben einschieben (über den Tag verteilter Verzehr von 1 1/2 kg Obst, aufgeteilt auf 6 Portionen). Wir werden auf diese Kur später noch zurückkommen.

SPAZIERENGEHEN

Der Herbst ist die ideale Jahreszeit zum Spazierengehen. Die Blätter der Bäume färben sich in herbstlichen Farben und im Wald stoßen wir auf Pilze, rote Früchte, Kastanien und Eicheln. Nützen wir das Wochenende, genießen wir die frische Luft und sammeln wir im Vorbeigehen einige dieser Schätze, die uns die Natur so bereitwillig zur Verfügung stellt. Wir sollten dabei aber darauf achten, unsere Umgebung zu respektieren.

Schokolade

Rezepte für 3-4 Personen

Wenn das herbstliche Wetter immer ungemütlicher wird, gibt es nichts Besseres als eine Tasse heiße Schokolade, um sich zu trösten. Der Aztekenherrscher Montezuma war süchtig danach und mit ihm sein ganzes Volk. Wer wissen will warum, der probiert einfach die in diesem Kapitel vorgeschlagenen Rezepte aus! Aber ohne schlechtes Gewissen – das stört nur den Genuss. Außerdem gibt es so viele verschiedene Varianten der heißen Schokolade (die mexikanische, die spanische, die französische, die schweizerische ...). Kosten wir uns doch einfach mal durch!

SÜSSE TATSACHEN

An dieser Stelle möchten wir betonen, dass Schokolade nicht nur irgendeine Süßigkeit ist, sondern eine Menge Nährstoffe enthält, weshalb sie als Nahrungsmittel gewertet wird. Schokolade ist u.a. reich an Vitaminen, Mineralstoffen, Proteinen, Fetten und Kohlenhydraten. Die Menge der Inhaltsstoffe hängt davon ab, wie viel Kakao und Milch enthalten sind bzw. ob sie gefüllt ist oder Nüsse, Früchte etc. beigemengt sind. Schokolade (wie auch andere Nahrungsmittel) ist an sich weder gut noch schlecht; vielmehr hängt ihre Wirkung davon ab, in welchen Mengen und wie oft sie konsumiert wird, welche Qualität sie hat und nicht zuletzt auch wie der Gesundheitszustand des Konsumenten ist. Es spricht nichts dagegen, dass ein gesunder Mensch ca. 50 g pro Tag zu sich nimmt. Unter speziellen Bedingungen wie z.B. beim Sport wird der Genuss von Schokolade aufgrund ihres hohen Energiegehaltes sogar empfohlen. Lernen wir sie also schätzen!

Heiße Schokolade mit Mandelcreme

250 ml Milch • 250 ml Schlagsahne, flüssig • 100 g dunkle Schokolade (mind. 70 % Kakaogehalt) in Stücken • 125 ml Schlagsahne, zum Schlagen • 1 TL Mandelsirup • Schokostreusel und Mandelblättchen zum Dekorieren

Milch und flüssige Schlagsahne in einem Topf erhitzen, bis sie kochen. Dann die Schokoladestücke hinzufügen und unter ständigem Rühren auf kleiner Flamme weiter köcheln lassen, bis sich die Schokolade komplett aufgelöst hat. Topf vom Herd nehmen und 5 Minuten lang ruhen lassen.

Inzwischen die restliche Schlagsahne gemeinsam mit dem Mandelsirup steif schlagen, bis eine köstliche Creme entsteht. Die heiße Schokolade in 4 kleine Tassen gießen und mit jeweils einem Esslöffel der vorbereiteten Mandelcreme, Schokostreuseln und Mandelblättchen nach Geschmack verzieren. Das fertige Getränk sofort servieren!

KAUM KOFFEIN

- Eine Tasse heiße Schokolade enthält in etwa die gleiche Menge Koffein wie eine Tasse koffeinfreier Kaffee.
- 20 g dunkle Schokolade enthalten weniger als 19 mg Koffein.
- In 20 g Milchschokolade befinden sich ca. 4 mg Koffein.
- Eine Tasse Kaffee kann zwischen 60 und 90 g Koffein enthalten.
- Man geht davon aus, dass Koffeinmengen unter 20 mg den Organismus nicht negativ beeinflussen.

Schokolade

Spanische Schokolade

200 g Schokolade • 100 g Zucker
• 40 g Maisstärke (Maizena)
• 1 l Milch

Die Milch und den Zucker in einem Topf zum Kochen bringen und dabei ab und zu umrühren. Dann den Topf vom Herd nehmen und die Schokolade in kleinen Stücken hinzufügen. Gut umrühren, bis sich die Schokolade mit der Milch vermischt hat. Noch einmal zum Kochen bringen. Schließlich die in einer kleinen Menge Milch aufgelöste Maisstärke hinzufügen. Auf kleiner Flamme weiterköcheln, bis die gewünschte Konsistenz (Zähflüssigkeit) erreicht ist. In Tassen gießen und servieren.

Mexikanische Schokolade

250 g mexikanische Schokolade (Fachhandel) • 40 g Honig • 250 ml Wasser • 750 ml Milch 1/2 Chilischote • Prise Salz • 1 Vanilleschote

Milch und das Mark der Vanilleschote zum Kochen bringen; Topf vom Herd nehmen und die zerkleinerte Schokolade (alternativ Kakao und Zucker) sowie das Wasser einrühren. Dann die Mischung mit einem Stabmixer so lange mixen, bis die Schokolade geschmolzen ist. Die Kerne aus der Chilischote entfernen, die Schote klein hacken und gemeinsam mit dem Salz und dem Honig hinzufügen. Heiß und schäumend servieren. In Mexiko mixt man die heiße Schokolade übrigens in speziellen Krügen mithilfe eines aus Holz geschnitzten Schneebesens.

Schokolade in der Tasse

300 g Kakaopulver, ungezuckert • 800 g Zucker • 200 g Maisstärke (Maizena) • Zimt oder Vanille nach Geschmack • 1 l Milch

Alle Zutaten außer der Milch durchsieben und in einem luftdicht verschlossenen Gefäß aufbewahren. Für 3 bis 4 Personen 250 g dieses fertigen Pulvers auf 1 l Milch verwenden. Auf kleiner Flamme erhitzen und umrühren, bis die gewünschte Konsistenz erreicht ist.

Heiße Orangenschokolade

350 g Schokolade, in Stücken • 20 g Zucker • 1 l Milch • 350 ml Schlagsahne, flüssig • 160 ml Orangenlikör (Cointreau oder Grand Marnier) • Grob geriebene Schale von 2 Orangen

Orangenschale, Milch und Schlagsahne in einem Topf zum Kochen bringen und vom Herd nehmen. Die Flüssigkeit abseihen und die restlichen Zutaten außer dem Likör hinzufügen. Gut umrühren, bis eine homogene Masse entsteht. Etwas abkühlen lassen und den Likör in die lauwarme Mischung einrühren. In Tassen füllen und gleich servieren.

Schokolade

Rezepte für 3-4 Personen

Tee der Azteken

20 g Kakaobohnen • 1 l Wasser • 1 Scheibe frischer Ingwer • 5-6 Pimentkörner • 1 Stk. Sternanis • 2 Zimtstangen • 1/2 Vanilleschote • 1 Gewürznelke • 1 Prise Muskatnuss

Alle festen Zutaten mit einem Stößel in einem Mörser nicht zu fein reiben. Das Wasser zum Kochen bringen und die Gewürze hinzufügen. Dann den Topf vom Herd nehmen, gut mit einem Deckel verschließen und 10 Minuten lang ziehen lassen. Abseihen und gleich servieren.

Schweizer Schokolade

200 g Schokolade • 100 g Zucker • 15 g Maisstärke • 1 l Milch • 1 EL Schlagsahne, steif

Wie die „Spanische Schokolade" zubereiten. Der einzige Unterschied ist, dass am Ende das Getränk mit Schlagsahne gekrönt wird.

Mokka, klassisch

100 g dunkle Schokolade (mind. 70 % Kakaoanteil) in Stücken • 1 EL weißer feinkörniger Zucker (kann auch mehr sein) • 300 ml Milch • 450 ml starker, heißer, frisch zubereiteter Kaffee • 100 ml Schlagsahne, geschlagen

Schokolade, Zucker, und Milch in einem robusten Topf auf kleiner Flamme langsam und unter ständigem Rühren erhitzen, bis die Flüssigkeit kocht. Dann mit einem vorne abgerundeten Schneebesen kräftig durchrühren, vom Herd nehmen, den Kaffee hinzufügen und noch einmal mit dem Schneebesen durchrühren. Den fertigen Mokka in vorgewärmte Tassen füllen, mit Schlagsahne dekorieren und sofort servieren – die klassischste aller Kombinationen von Kaffee und Schokolade. Am besten frisch zubereiteten Kaffee dafür verwenden.

Heiße Schokolade mit Minze

600 ml Milch • 4 frische Minzblätter • 50 g dunkle Schokolade (70 % Kakaoanteil) • Zucker nach Geschmack (optional)

Milch und Minzblätter in einem Topf gemeinsam zum Kochen bringen und eine Minute kochen lassen. Dann den Topf vom Herd nehmen und die Minzblätter herausfischen. Die Schokolade hinzufügen und gut umrühren, bis sie geschmolzen ist und eine homogene Flüssigkeit ohne Klumpen entstanden ist. In Tassen gießen und gleich servieren!

Heiße Vanilleschokolade

340 g Schokolade, in Stücken • 65 g Zucker • 1 l Milch • 340 ml Schlagsahne, flüssig • 140 ml Wasser • 1 Vanilleschote

Milch, Schlagsahne und das Mark der Vanilleschote in einem Topf zum Kochen bringen. Vom Herd nehmen und die restlichen Zutaten untermischen. Dann gut umrühren, bis die Schokolade geschmolzen und eine homogene Flüssigkeit entstanden ist. Servieren!

MOKKAVARIATION

Um einen eisgekühlten Mokka zuzubereiten, befolgt man einfach das Mokkarezept der vorigen Seite, lässt aber die Sahne weg. Schokolade, Zucker, Milch und Kaffee wie angegeben mischen und dann abkühlen lassen. Schließlich hohe, schon vorgekühlte Gläser mit Eiswürfeln und dem kühlen Mokka füllen und sofort servieren.

Schokolade

Mokka mit Zimt

100 g dunkle Schokolade (70 % Kakaoanteil), in Stücken • 500 ml Milch • 2 EL weißer, feinkörniger Zucker • 2 Zimtstangen • 300 ml heißer, starker, frisch zubereiteter Kaffee • 2 EL Brandy (optional) • 4 Stücke Orangenschale • Einige Zimtstangen zum Umrühren

In einem schweren Topf Schokolade, Zucker, Zimt und Milch unter ständigem Rühren mit den Zimtstangen auf kleiner Flamme erhitzen, bis eine homogene Mischung entsteht. Weiterrühren, bis sie kocht. Dann mit einem vorne abgerundeten Schneebesen kräftig durchrühren. Schließlich den Topf vom Herd nehmen und den Kaffee sowie bei Bedarf den Brandy hinzufügen.
Die Zimtstangen entfernen. Dann die Orangenschalen in hohe, vorgewärmte, feuerfeste Gläser füllen und die fertige heiße Schokolade darübergießen. Jedes Glas mit einer in heißer Schokolade getränkten Zimtstange dekorieren und gleich servieren.

Schokolade mit Zimt

350 g Schokolade, in Stücken • 70 g Zucker • 140 ml Wasser • 350 ml Schlagsahne, flüssig • 1 l Milch • 2 Zimtstangen

Milch, Schlagsahne und Zimtstangen gemeinsam in einem Topf zum Kochen bringen. Dann den Herd abschalten und die Flüssigkeit abseihen, um die Zimtstangen zu entfernen. Schließlich die restlichen Zutaten einrühren, bis keine Klumpen mehr zurückbleiben. In Tassen servieren!

Französischer Kakao

200 g Schokolade • 100 g Zucker • 1 l Milch

In einem Topf die Milch und den Zucker zum Kochen bringen und dabei ab und zu umrühren. Den Topf vom Herd nehmen und die gestückelte Schokolade einrühren. Gut vermischen, bis sie sich aufgelöst hat, und in Tassen gießen. Heiß servieren.

Rezepte für 3-4 Personen

Weiße Gewürzschokolade

1 l Milch • 8 Stk. Sternanis • 2 Prisen frisch geriebene Muskatnuss (1 zum Dekorieren) • 200 g weiße Schokolade, fein gerieben

In einem Topf die Milch, den Sternanis und eine Prise Muskatnuss auf kleiner Flamme zum Kochen bringen und 5 Minuten weiterkochen. Den Topf vom Herd nehmen und die Mischung über die Schokolade schütten. Gut vermischen, bis sie sich aufgelöst hat. Weitere 5 Minuten abkühlen lassen und in 2 Tassen gießen. Mit Muskatnuss bestäuben und gleich servieren.

VARIANTE

Getränk auch mal mit dunkler oder Milchschokolade ausprobieren, je nach Geschmack.

Schokolade

Gewürzrum-Schokolade

1 l Milch • 140 g dunkle Schokolade (70 % Kakaoanteil), in Stücken • 3 Stk. Sternanis • 1 Kringel Orangenschale • 2 EL Orangenblüten- oder Akazienhonig • 125 ml dunkler Gewürzrum • 100 ml Grand Marnier (bzw. Orangenlikör) • Bei Bedarf Zimtstangen und Schlagsahne (geschlagen) zum Verzieren

Milch, Schokolade, Sternanis, Orangenschale und Honig in einem Topf gemeinsam auf kleiner Flamme erhitzen und dabei ständig umrühren, bis die Schokolade vollkommen geschmolzen ist.

Den Sternanis herausfischen; er wird nicht mehr gebraucht. Dann Rum und Grand Marnier hinzufügen und die ganze Mischung in einem Mixer oder mit dem Stabmixer aufschäumen. In feuerfeste, vorgewärmte Gläser gießen. Schließlich jedes Glas mit einer Zimtstange und, je nach Geschmack, mit Schlagsahne dekorieren. Gleich servieren.

Feine Schokolade

130 g dunkle Schokolade (70 % Kakaoanteil), in Stücken • 1 EL (oder mehr) feinkörniger, weißer Zucker • 2 der Länge nach aufgeschnittene Vanilleschoten • 500 ml Milch • 200 ml Schlagsahne, geschlagen • Dunkle Schokostreusel oder Kakaopulver zum Dekorieren

Schokoladestücke, Zucker, Vanilleschoten und Milch in einem schweren Topf auf kleiner Flamme erhitzen und dabei ständig umrühren, bis die Schokolade geschmolzen ist. Die Flüssigkeit zum Kochen bringen und mit einem vorne abgerundeten Schneebesen kräftig durchrühren, bis die Mischung eine schaumige Konsistenz annimmt. Dann die Vanilleschoten entfernen.

In 4 vorgewärmte Tassen gießen und mit Schlagsahne und jeweils einer Prise Schokoladestreusel oder Kakaopulver verzieren. Sofort servieren.

Weißer Schokoladentraum mit Minze

1 l Milch • 200 g weiße Schokolade, in Stücken • 1 TL Minzextrakt (bzw. ein paar Tropfen ätherisches Minzöl) • 250 ml Schlagsahne, geschlagen • Weiße Schokolade, gerieben, zum Dekorieren

Die Milch, die Schokoladestücke und das Minzextrakt in einem Topf unter Rühren auf kleiner Flamme erhitzen, bis sich die Schokolade aufgelöst hat. Schließlich mit einem Milchschäumer oder aber auch mit einem vorne abgerundeten Schneebesen schaumig schlagen.

Die fertige heiße Schokolade in 4 feuerfeste Tassen aufteilen, die Schlagsahne steif schlagen und das Getränk mit jeweils einem Esslöffel davon verzieren. Dann mit Schokostreuseln bestreuen und servieren.

Herbstfrüchte

Zu den Hilfsmitteln, die uns zur Stärkung unseres Körpers im Herbst zur Verfügung stehen, zählen vor allem die Früchte der Saison. Es ist Erntezeit, nützen wir sie! Obst und Gemüse in allen Variationen, Formen und Farben gibt es jetzt überall – damit können wir uns mühelos viele der für uns essenziellen Vitamine und Mineralstoffe zuführen. Kein Tag sollte vergehen, ohne dass wir mindestens 250 g frisches Obst und einen gemischten Salat (in allen Varianten, die wir uns nur vorstellen können) zu uns nehmen. Bevor diese Jahreszeit zu Ende geht, können und sollen wir uns an der fruchtigen Vielfalt und am köstlichen Geschmack erfreuen: Melonen, Pfirsiche, Feigen, Pflaumen, …

Dadurch dass gerade im Herbst so viel Obst und Gemüse reif ist, scheint es fast, als ob die Natur uns mit einem Extra an Vitamin C versorgen will, um vor dem Winter noch unser Abwehrsystem in Topzustand zu versetzen. Rote Trauben und auch andere Beeren enthalten zusätzlich noch ein Tannin, das Resveratrol, das zu den Antioxidantien zählt und das Herz-Kreislauf-System stärkt. Auch zeigen viele der Produkte dieser Jahreszeit die charakteristische orange Färbung, die auf den Vitamin-A-Gehalt zurückzuführen ist. Mais, Kürbis, Süßkartoffel und Granatapfel schützen unseren Körper und bereiten ihn auf den anstehenden Winter vor. Natürlich darf man auch nicht die vielen Arten von Nüssen vergessen, die es jetzt in Hülle und Fülle gibt. Eine Handvoll täglich macht Nüsse mit ihrem beträchtlichen Gehalt an essenziellen Fettsäuren und Mineralstoffen zu einer hochwertigen Kalorienquelle und damit zum perfekten Snack.

Versorgen wir den Körper also mit allen notwendigen Nährstoffen und nützen wir die große Bandbreite an saisonalen Produkten. Das garantiert uns Erfolg.

Apfel

Sowohl roh als auch gekocht zählen Äpfel zu den gesündesten Früchten. Sie sind reich an Pektin (löslicher Ballaststoff), das die Verdauung und den Cholesterinspiegel reguliert. Roh und auf nüchternen Magen gegessen wirken Äpfel abführend; gerieben, gekocht oder gebraten bekämpfen sie Durchfallerkrankungen. Äpfel sind kalorienarm, enthalten Vitamin C und Provitamin A (Betacarotin) sowie kleinere Mengen an Kalzium, Kalium, Phosphor und Eisen.

Trauben

Reich an leicht verwertbarem Zucker und B-Vitaminen punkten Trauben durch ihre einfache Verdaulichkeit und ihr Nährstoffgleichgewicht. Weiters ist bekannt, dass sie dank ihres Antioxidantiengehalts (u.a. Flavonoide) bei regelmäßigem Konsum positiv auf Herz und Arterien wirken. Außerdem enthalten Trauben die Vitamine A und C sowie lösliche Pflanzenballaststoffe (Pektin), welche die Verdauung regulieren. Einige Studien schreiben dem Obst aufgrund seines Resveratrolgehaltes (eine Substanz, die auch im Rotwein zu finden ist) sogar anti-kanzerogene Eigenschaften zu.

SAISONFRÜCHTE

Granatapfel

Der Granatapfel hebt sich vor allem durch seinen Antioxidantiengehalt (viel Vitamin C und B-Vitamine) von anderen Früchten ab. Abgesehen von den Antioxidantien, mit deren Hilfe sich der Körper freier Radikale entledigt, die degenerative Krankheiten und einen verfrühten Alterungsprozess verursachen können, wird Granatapfelsaft mit der Senkung des „schlechten" Cholesterins sowie mit der damit verbundenen positiven Wirkung auf das Herz in Verbindung gebracht. Granatäpfel wirken reinigend und harntreibend, was die Ausschwemmung von Wasser und Salzen über die Nieren vereinfacht. Ihr hoher Mangangehalt könnte ihren Ruf als Aphrodisiakum erklären. Erntezeit für Granatäpfel ist der Herbstbeginn.

Feige

Feigen sind reich an Kalzium, Betacarotin, B-Vitaminen und Vitamin C. Empfohlen wird ihr Verzehr wegen ihres hohen Eisengehalts bei Anämie, aber auch in Zeiten besonderer körperlicher oder seelischer Anstrengung (Stress, Diäten …). Hilfreich sind Feigen (wegen ihres hohen Ballaststoffgehaltes) auch bei Verstopfung.

Cherimoya

Die auch Rahmapfel genannte Cherimoya besticht durch Süße und Säure. Sie ist leicht verdaulich, enthält B-Vitamine und Vitamin C, Kalzium, Phosphor, Eisen und Zucker. Der Zucker macht sie für geschwächte Menschen oder auch Personen, die gerade auf Diät sind, interessant. Sie ist von September bis Februar reif.

Banane

Diese köstliche und energiereiche Frucht enthält eine große Menge an Ballaststoffen, Betacarotin, Folsäure, Eisen und Jod. Sie ist reich an Vitamin B_6 und Kalium. Das macht sie zum idealen Nahrungsmittel bei Blähungen und Wassereinlagerungen. Außerdem eignet sich die Banane ganz besonders für Menschen mit Bluthochdruck.

Shakes

Bananenshake

4 Bananen • 1 Zitrone • 125 g Rohzucker oder Sirup • 6 EL Milch • Einige Mandeln (optional)

Die Bananen und die halbe Zitrone schälen und mit dem Zucker gemeinsam mixen. Dann Milch hinzufügen und gut umrühren. Das Shake in Gläser gießen, mit Zitronenscheiben oder Mandeln dekorieren und servieren.

Cocktail aus Waldfrüchten

100 g Beeren • 350 g Honigmelone • 1 kleiner Zweig weiße Trauben

Die Beeren, die Trauben und die Melone gründlich (eventuell mithilfe einer kleinen Bürste) waschen und die Melone entkernen. Dann das ganze Obst im Entsafter entsaften und den so entstandenen Saft auffangen. Schließlich in Gläser gießen und servieren.

Herbstlicher Fruchtsaft

2 Tassen weiße Trauben • 2 kleine, reife Bananen • 3 geschälte Orangen • Feine Limettenscheiben oder Minzzweige

Die Trauben waschen, die Bananen und die Orangen schälen. Dann alle Zutaten entsaften und den Saft in Gläser verteilen. Diese mit Limettenscheiben oder frischen Minzblättern verzieren und gleich servieren.

Traubencocktail

3 süße Äpfel • 1/4 Zitrone • 100 g rote oder weiße Trauben

Die gewaschenen Äpfel in kleine Stücke schneiden und die Zitrone schälen. Dann die Trauben waschen und vom Zweig trennen. Alle Zutaten im Entsafter entsaften, die Zitrone erst nach der Hälfte des Prozesses hinzufügen.

Blaubeershake

2 Äpfel • 200 g Blaubeeren
• 1 Zweig nicht sehr große weiße oder rote Trauben

Blaubeeren, Trauben und Äpfel waschen und Letztere – wenn sie nicht aus biologischem Anbau stammen – schälen. Alle Zutaten gemeinsam entsaften, in Gläser gießen und servieren.

Apfel, Pflaume und Zimt

3 in Stücke geschnittene Äpfel ohne Stiel • 4 entkernte Pflaumen
• 1 TL Zimt

Die Äpfel und die Pflaumen im Entsafter verarbeiten, mit etwas Zimt bestreuen, umrühren und den fertigen Saft sofort servieren.

Waldfrüchte-Shake

4 Äpfel • 1/4 Zitrone
• Waldfrüchte nach Geschmack

Äpfel und Waldfrüchte waschen und schneiden. Alles entsaften und dabei etwas fein geriebene Zitronenschale hinzufügen (Zitrone gut waschen oder eine unbehandelte verwenden). Gleich trinken. Übrig gebliebene Waldfrüchte als „Einlage" hinzufügen. Dieses Getränk ist die ideale Belohnung nach einem Ausflug oder einem Spaziergang, vor allem dann, wenn wir die Waldfrüchte unterwegs gesammelt haben.

Herbstselektion

4 große Äpfel • 4 große Birnen

Das Obst waschen, schälen, schneiden und entsaften. Für einen etwas spezielleren Geschmack noch ein wenig Zimtpulver beimengen. Oder mit etwas Karottensaft kombinieren. Dieser Saft hat einen wohlbekannten Geschmack und tröstet an regnerischen Herbsttagen.

Grüntee

Rezepte für 4 Personen

Grüner Tee, der großteils in China und Japan getrunken wird, wird hergestellt, indem man die Teeblätter trocknet, wodurch die Feuchtigkeit entzogen und die Fermentierung verhindert wird. Gemeinsam mit dem weißen Tee werden dem Grüntee therapeutische Eigenschaften zugesprochen. Dennoch ist er der Tee, der in der westlichen Welt am wenigsten geschätzt wird, was wohl auf das grasige Aroma zurückzuführen ist, das die meisten anderen Teesorten nicht haben. Neueste Studien zeigen, dass man mit dem Genuss von mehreren Tassen täglich einigen Krankheiten, darunter auch Krebs, vorbeugen kann. Grüntee enthält nur wenig Tein (ähnlich wie Koffein). Zu den beliebtesten Sorten zählen z.B. Bancha, Genmaicha, Gunpowder, Kokeicha, Kukicha, Matcha und Sencha.

Apfel-Zimt-Tee

1 l Apfelsaft • 4 EL Grüntee • 6 Zimtstangen • Etwas Vanillemark • In Streifen geschnittene Schale von 1 Zitrone/Orange

Den Apfelsaft mit den Teeblättern 3 Minuten lang kochen und dann 5 Minuten mit den Zimtstangen und dem Vanillemark ziehen lassen. Die Mischung filtern und die Tassen jeweils mit Zitronen- oder Orangenscheiben dekorieren.

Tee mit Honig und Zitrone

1 l Wasser • 9 TL Grüntee • 3-4 TL Honig • Einige Tropfen Zitronensaft

Das Wasser erhitzen. Wenn es fast kocht, vom Herd nehmen und über den Tee gießen. Zitronensaft und Honig nach Geschmack beimengen, wenn der Tee noch heiß ist. In einer Thermoskanne aufbewahren, wenn der Tee warm getrunken werden soll, und in einer Wasserflasche, wenn man ihn abkühlen lässt.

EIN GESUNDES GETRÄNK

Grüner Tee wird oft mit der Langlebigkeit der Menschen in einigen Regionen Chinas und Japans in Verbindung gebracht. Ungezuckerter Grüntee ist kalorienarm und frei von Proteinen, Fetten und Kohlenhydraten. Dafür sind Vitamine (A, C und E sowie einige B-Vitamine) und Spurenelemente wie Mangan, Fluor, Zink und Kupfer enthalten, die dem Körper in kleinen Mengen zugeführt werden, vorausgesetzt eine Tasse wird mit nur 2 g trockenen Blättern zubereitet. Hier haben wir die Eigenschaften dieses gesunden Getränks zusammengefasst:

- Dank seines Gehalts an Poliphenol und Catechin (Antioxidantien, 20 x stärker als Vitamin E) bremst er den Alterungsprozess.
- Er schützt vor Krebs: Man nimmt an, dass die Tannine und Catechine, die im Grüntee enthalten sind, Zellschädigungsprozessen vorbeugen.
- Er hält das Cholesterin in Zaum: Die Catechine im Grüntee verhindern ein Übermaß an „schlechtem" Cholesterin im Blut.
- Er bekämpft Bluthochdruck: Die natürlichen Catechine des Grüntees sowie sein beachtlicher Gehalt an Vitamin E sind sind für die Senkung des Bluthochdrucks verantwortlich.
- Dank seines Vitamin-E-Gehalts beugt Grüntee Herz-Kreislauf-Erkrankungen vor.
- Er stimuliert das Abwehrsystem des Organismus: Grüner Tee stärkt das Immunsystem. So ist unter anderem die starke Wirkung der teeeigenen Catechine auf Grippeviren bekannt.
- Er stärkt Körper und Geist: Grüntee stimuliert sanft, viel weniger offensiv als Kaffee. Er füllt die Energiereserven wieder auf, bekämpft Müdigkeit und hilft bei geistigen Anstrengungen.
- Er lindert Hauterkrankungen: Bäder mit Grüntee oder auch das Auflegen von Kompressen sind wirksam bei der Bekämpfung von Fußpilz und zahlreichen anderen Hauterkrankungen.
- Er beugt Karies vor: Theaflavine im Schwarztee helfen das Wachstum des Bakteriums mit dem Namen „Streptococcus mutans", das Karies verursacht, einzuschränken. Dasselbe tun auch die im Grüntee enthaltenen Catechine, welche zusätzlich noch verhindern, dass sich die Bakterien an den Zähnen festsetzen.

Grüntee

Grüner Gewürztee

6 Beutel Grüntee • 750 ml Wasser • 250 ml Orangensaft • 250 ml Ananassaft • 1 EL brauner Zucker • 2 TL Honig • 1 EL Piment • 1 TL Gewürznelken • 2 Zimtstangen • Etwas Vanillemark • Orangenscheiben zum Verzieren

Wasser zum Kochen bringen, vom Herd nehmen und die Teebeutel 5 Minuten lang darin ziehen lassen. Dann herausnehmen und die Zutaten bis auf die Zimtstangen hinzufügen und einige Stunden auf kleiner Flamme köcheln lassen. Dabei ab und zu mit den Zimtstangen umrühren, doch nicht zu viel, damit der Zimtgeschmack nicht zu stark wird und im Tee überhandnimmt. Schließlich Tassen mit Orangenscheiben dekorieren und heiß servieren.

Dieses energiegeladene Getränk ist exotisch, belebend und vereint die positiven Eigenschaften des Tees, der Säfte und der Gewürze. Außerdem wärmt es an grauen Herbsttagen.

Marrokanischer Grüntee

1 l stilles Mineralwasser • 4 EL Grüntee • Minzblätter • Brauner Zucker

Wasser mit den Grünteeblättern kochen und dann 5 Minuten ziehen lassen. Abseihen. Die Minzblätter in durchsichtigen Tassen oder Gläsern (2-3 Blätter pro Person) mit dem Tee übergießen. Schließlich nach Geschmack süßen.

Grüntee mit Orange

1 l Grüntee • Orangenschale • Honig nach Geschmack

Den Tee wie gewohnt zubereiten, dann die Orangenschale hinzufügen und diese auch 5 Minuten ziehen lassen. Schließlich nach Geschmack süßen und servieren.

NATIONALGETRÄNK

Tee ist das Nationalgetränk Marokkos. Die Teezeremonie zählt zu den am tiefsten verwurzelten aller maghrebinischen Bräuche, obwohl sie erst mit der Einführung des Tees durch die Engländer im 17. Jahrhundert entstand. Sie kann mit jeder Art von Tee durchgeführt werden und oft wird dabei kräftig gesüßt.

Die neuen Detox-Früchte

Obwohl diese Früchte in ihren Ursprungsländern schon seit Tausenden von Jahren verwendet werden, sind die Açaí-Beere, die Noni-Frucht und die Goji-Beere drei Bespiele für Obst, das in unseren Breitengraden wenig bekannt ist. Allerdings hat sich der europäische Markt schon seit einiger Zeit für exotische Früchte geöffnet. Heutzutage besteht auch eine große Nachfrage nach neuen Geschmacksrichtungen, nicht zuletzt um Altbekanntes wie Joghurt, Milchshakes oder Eis mit etwas Exotik zu versehen, aufzupeppen und so für den Konsumenten attraktiver zu machen. Alle drei Früchte werden, abgesehen von dieser Verwendung, auch für Nahrungsergänzungsmittel eingesetzt, weil sie sich positiv auf die Gesundheit auswirken und zu den Antioxidantien zählen. Machen wir sie zu einem fixen Bestandteil unserer Ernährung, vor allem im Winter, wenn unsere Abwehrkräfte geschwächt sind. Unserer Gesundheit zuliebe!

SUPERFRÜCHTE

Açaí, Noni und Goji sind nun auch Teil der Riege der sogenannten „Superfrüchte", wo man auch Blaubeere, Granatapfel und Johannisbeere findet. Die Früchte dieser Gruppe stechen durch ihren Nährstoffgehalt und ihren hohen Anteil an Antioxidantien hervor, was zahlreiche Studien belegen.

Açaí

Die Açaí-Beere ist eines der Hauptnahrungsmittel einiger Stämme des brasilianischen Amazonasgebietes und nicht umsonst besteht die Ernährung einiger dieser indigenen Völker bis zu 42 % pro Tag aus Açaí-Beeren. In Brasilien werden die Beeren für die Herstellung von Säften, Eis, einfach frisch oder für diverse andere Gerichte gerne verwendet. Im Westen hingegen produziert man aus Açaí vor allem Getränke wie Fruchtshakes oder mischt das Extrakt oder Pulver mit Wasser.

Noni

Der Noni-Baum gilt als eine der schönsten Pflanzen Französisch-Polynesiens und seine Früchte (groß, weiß und oval) werden schon seit 2000 Jahren als Nahrungsmittel (roh oder gekocht) und als natürliches Medikament zur Behandlung vieler Leiden eingesetzt. Für die Kahunas, die traditionellen Medizinmänner Polynesiens, ist der Noni-Baum eine „heilige Pflanze" und obwohl sie Noni-Früchte schon seit langem verwenden, wurden erste Studien zu deren Wirkung erst Mitte des letzten Jahrhunderts im Westen publiziert. Konkret gesagt, wurcen antibakterielle Eigenschaften der Frucht nachgewiesen. Davon ausgehend wird seitdem das enorme Potenzial der Noni-Frucht untersucht.

Goji

Goji-Beeren sind die Früchte eines Strauches, der bis zu 4,5 m hoch wird und in den geschützten Tälern des Himalayagebirges in Tibet und in der Mongolei wächst. Die dortigen Bewohner, die Hunzas, sind dafür bekannt, das gesündeste und glücklichste Volk der Welt zu sein. Tatsache ist, dass die bemerkenswerte Langlebigkeit dieser Menschen von Wissenschaftlern untersucht wurde, die zum Schluss gekommen sind, dass die besonderen Lebensbedingungen der Hunzas (sie leben auf 4000 m Höhe; kennen keine Luftverschmutzung und essen täglich Gemüse und Goji-Beeren) für die erhöhte Krankheitsresistenz und den verlangsamten Alterungsprozess verantwortlich sind.

Açaí

Açaí-Beeren *(Euterpe oleracea)* haben sowohl in Form als auch in Farbe (rot-blau) große Ähnlichkeit mit Weintrauben. Sie wachsen wild als Früchte einer Palmenart im Amazonas und werden von den Indigenen „içá-çai" (die Frucht, die weint) genannt. Aus ihrem Fruchtfleisch wird ein Saft gewonnen (eine Art Wein), der in Wirklichkeit ein Kaltwasserauszug in der Farbe von rotem Traubenmost ist. Dieser Saft ist kraftspendend, entgiftend, entzündungshemmend und reich an Antioxidantien, weshalb man ihm heilende Kräfte zuschreibt.

Abgesehen von Säften stellt man in Brasilien mit Açaí-Beeren auch Eis, Shakes und Gebäck her sowie ein Getränk ähnlich einer Brauselimonade. Das Fruchtfleisch gibt eine Art Nektar oder Sirup her und man probiert gerade, die Açaí-Beere mit Milch zu kombinieren.

Viele Vorteile

Eine erst vor kurzem durchgeführte Studie zählt die Açaí-Beere zu den fünf Nahrungsmitteln der Welt, die am reichsten an Antioxidantien sind. Unter anderem hilft die Frucht, Bluthochdruck zu senken, macht die Arterienwände wieder geschmeidig und beugt dem schädlichen Cholesterin vor. Aufgrund ihres großen Kalziumgehalts kann die Açaí-Beere auch als Milchersatz und Alternative für Menschen mit Laktoseintoleranz dienen. Weiters hilft sie, Magengeschwüre zu bekämpfen und das Sehvermögen bei diabetischer Retinopathie zu verbessern, leichten grauen Star zu heilen und die Symptome bei rheumatoider Arthritis zu lindern.

Gleichzeitig hilft die Açaí-Beere bei der Entgiftung von Schwermetallen, unterstützt die Verdauung, lädt unsere Energiereserven wieder auf und steigert die Konzentrationsfähigkeit. Auch Vitamine und essenzielle Mineralstoffe sind zahlreich vorhanden: die Vitamine B_1, B_2, B_3, C und E sowie Phosphor, Kalzium und Kalium finden wir in großen Mengen. Açaí-Beeren enthalten auch Proteine (wichtig für Konzentration und Muskelregeneration) und essenzielle Fettsäuren, deren Nährwertprofil (Omega 6 und 9) mit dem von Olivenöl vergleichbar ist, was der Grund für die cholesterinsenkende Wirkung sein dürfte. Die Omega-6-Fettsäuren unterstützen zudem das Funktionieren der Zellmembranen und verbessern so den Transport und die Aufnahme von Nährstoffen.

In Brasilien kombiniert man den den Açaí-Sirup mit dem der Guaraná. Die entstandene Mischung wird als „sexuell explosiv" bezeichnet bzw. offiziell zu den „kraftspendenden und funktionalen" Getränken gezählt.

Açaí-Beerensaft ist übrigens reich an löslichen und nichtlöslichen Ballaststoffen und reguliert dadurch die Verdauungstätigkeit. Außerdem löst er ein Sättigungsgefühl aus, was bei Diäten nützlich ist.

Aus all den eben genannten Gründen stellt die Açaí-Beere auch eine ideale Nahrungsergänzung für Vegetarier dar, doch vom Konsum während Schwangerschaft und Stillzeit wird bei dieser Frucht abgeraten.

Kombinationen mit Açaí

Diese Frucht lässt sich, sowohl ganz als auch als Saft, mit vielen Früchten und auch zahlreichen anderen Nahrungsmitteln kombinieren:

- Açaí, Banane und Honig
- Frühstücksflocken, Bananenscheiben und Açaí-Beeren
- Açaí und Traubensaft
- Açaí, Banane und Honig mit Azarole und Cashewnüssen oder Mango, Guanábana (Stachelannone), Maracuja
- Açaí, Banane und Guaraná
- Eine große Tasse Haferflocken, Honig, Bananenscheiben und Açaí
- Açaí mit Granatapfel, Himbeeren und Blaubeeren

Goji

Die Goji-Frucht *(Lycium barbarum)* stammt ursprünglich aus dem Himalaya. In China und Tibet kennt und nutzt man sie seit Jahrtausenden zur Unterstützung der Gesundheit und Langlebigkeit. Die Goji-Beere ist eines der nahrhaftesten Nahrungsmittel der Welt. Sie besitzt einen großen Anteil Phyto-Nährstoffe, Antioxidantien und Vitamine. Ihre bioaktiven Moleküle können die Zellen des Organismus reparieren. Auf irgendeine Art scheinen Goji-Moleküle die Körperzellen an ihre Hauptfunktion zu „erinnern", was ihre positive Wirkung im Zusammenhang mit der Behandlung von Krankheiten wie Krebs, Hepatitis, Allergien, Osteoporose und Arthritis erklärt.

Goji-Beeren sind reich an Polysacchariden, welche die Abwehrkräfte stärken und den Alterungsprozess verlangsamen. Sie erfüllen uns mit Leben, Gesundheit, Jugend und Energie. Es ist kein Wunder, dass der Ruhm der Goji-Beere immer mehr wächst, nicht zuletzt wegen der Werbemaschinerie, die in den USA die Frucht als das „wirkungsvollste Antiaging-Nahrungsmittel der Welt" bezeichnet. Die Beere und die Tatsache, dass die Menschen ein weitaus ruhigeres Leben führen, ist der Grund, warum im Himalayagebirge so viele Leute über 100 Jahre alt werden.

Übrigens kann man von Goji-Saft, genauso wie von Apfelsaft, in jedem Alter so viel trinken, wie man möchte, ohne irgendein Gesundheitsrisiko einzugehen. Einige Safthersteller sichern Resultate nach einem Monat regelmäßigem Konsum von 4 bis 6 Esslöffeln (weniger als ein halbes kleines Glas) zu.

Gegenanzeige? Goji-Beeren beeinflussen die Wirkung von Blutgerinnungshemmern, dessen sollten sich Menschen, die diese regelmäßig einnehmen, bewusst sein. Außerdem sind Goji-Beeren reich an Zink und speziell an Selen – also Achtung während der Schwangerschaft!

ABGESEHEN VOM SAFT …

Getrocknete Goji-Beeren schmecken ähnlich wie Blaubeeren, haben eine Konsistenz wie Korinthen und man kann sie ungeschält genießen. Man kann sie über den Tag verteilt naschen oder sie zum Beispiel auch mit Joghurt vermischen, sie schmecken immer köstlich. Heutzutage findet man sie häufig in Naturkostläden oder Spezialitätengeschäften, neuerdings auch im Supermarkt. Es lohnt sich, Goji-Beeren zu einem fixen Ernährungsbestandteil zu machen, denn sie versorgen uns mit wichtigen Nährstoffen wie Vitamin C (mehr als Orangen), Betacarotin (mehr als Karotten) und Eisen (mehr als Fleisch; kann aber nicht so gut vom Körper aufgenommen werden). Die Goji-Beere, ein effektives Kräftigungsmittel, zählt also gemeinsam mit anderen Lebensmitteln zu einer neuen Gruppe Nahrung, die höchst förderlich für unsere Gesundheit ist.

Kombinationen mit Goji

Auf dem europäischen Markt findet man Goji in Form von (getrockneten) Beeren oder aber als abgefüllten Saft. Letzterer wird gewöhnlich aus Geschmacksgründen mit anderen Säften gemischt. Wichtig ist, welche Frucht oder andere Zutat dafür verwendet wird.

- Eine qualitativ hochwertige Flasche Goji-Saft könnte beispielsweise 50 % Goji-Saft, 20 % Granatapfelsaft und die restlichen 30 % Himbeer-, Kirsch- und Blaubeersaft zu gleichen Teilen enthalten.
- Variante: Goji-Saft mit Aloe vera (1 Blatt; bei Bedarf kann auch fertiger Saft verwendet werden), 1 Orange, 1 Zitrone, 1 Limette, 1 Mango und etwas Mineralwasser.
- Mit Aloe vera: Trauen wir uns doch mal frische, gründlich geschälte Blätter im Entsafter oder mithilfe eines Mixers zu entsaften und das Resultat mit Frucht- oder eventuell Goji-Saft zu kombinieren. Wer auch noch frische Goji-Beeren findet, der hat erst recht viele Variationsmöglichkeiten!
- In Suppen oder Nachspeisen: Normalerweise finden wir die Goji in getrockneter Form. Reich an Ballaststoffen, bleibt der Großteil der Eigenschaften der Frucht auch nach der Trocknung erhalten. Sie schmecken in Nachspeisen, Joghurts, Brot (Goji-Brot), Keksen und sogar Suppen oder Salaten! Die Goji-Frucht ist enorm vielseitig!
- Getränk aus Goji-Beeren: Für die Zubereitung einfach eine Handvoll getrockneter Beeren in einem Krug Wasser einweichen (sie saugen sich wie jede andere Trockenfrucht schnell mit Wasser voll). Dann die Beeren entsaften. Das dadurch entstandene Getränk enthält sogar mehr Vitamin C als Orangen.
- Goji-Sud: Für den Sud einfach 20 g Goji-Beeren in 1/2 l Wasser 5 Minuten kochen und 10 Minuten ziehen lassen. Den Sud filtern und nach Geschmack süßen.
- Goji-Smoothies: Mit einem Mixer zu gleichen Teilen Goji-Beeren, Blaubeeren, Himbeeren, Äpfel, Brombeeren und Kirschen (oder andere Früchte, die schmecken) pürieren. Nach Geschmack Wasser, Fruchtsaft oder Pfefferminztee oder auch Reis- bzw. Hafermilch hinzufügen.

Noni

Diese der Cherimoya sehr ähnliche Frucht wächst auf einem weiß blühenden Baum *(Morinda citrifolia)* und punktet mit einer Reihe von therapeutischen Eigenschaften. Die Noni-Frucht ist entzündungshemmend, antiseptisch, antibakteriell, beruhigend und regenerierend, stärkt das Immunsystem und wirkt nicht zuletzt anti-kanzerogen – was sie im Westen besonders beliebt macht.

Den Ausdruck „anti-kanzerogene Eigenschaften" in Zusammenhang mit einem Nahrungsmittel zu verwenden, ist oftmals vorschnell, aber im Falle der Noni-Frucht ist er durchaus angebracht, denn sie hemmt erwiesenermaßen das Wachstum krebserregender Zellen.

Dank dieser und anderer Eigenschaften beginnt man nun die Pflanze in Ländern wie Panama, Peru und Puerto Rico anzubauen. Die Ergebnisse sind sehr unterschiedlich, wenn auch die Noni, die ursprünglich aus Südostasien stammt, in Polynesien zu großer Beliebtheit gefunden hat. In unseren Breitengraden werden wir kaum mit frischen Früchten arbeiten, nicht nur weil die Noni frisch sehr bitter schmeckt und einen Geruch nach ranzigem Käse ausströmt, sondern auch weil es sich um eine sehr fragile Frucht handelt und der Transport aus ihren Anbauländern (Tahiti und Französisch-Polynesien) kompliziert ist. Daher empfehlen wir den fertig abgefüllten Saft zu kaufen und damit unsere köstlichen Getränkekombinationen auszuprobieren.

Abgesehen vom Saft finden wir die Noni-Frucht auch als Trockenextrakt; in jedem Fall aber sollte man sie auf leeren Magen konsumieren, etwa eine halbe Stunde vor dem Frühstück, Mittag- oder Abendessen. Die empfohlene Tagesdosis ist je 2 EL vor dem Mittag- und Abendessen oder täglich 1 g Noni pur in Tablettenform.

Rezepte für 1 Person

Entschlackungsdrink mit Noni

50 ml Noni-Saft • 150 ml roter Traubensaft, ohne Zucker
• 100 ml Ananassaft, ohne Zucker
• 10 Tropfen Löwenzahnextrakt
• 1-2 EL Ahornsirup

Für die Zubereitung den Trauben-, Noni- und Ananassaft mit dem Löwenzahnextrakt (als Tee hergestellt ist er weniger konzentriert) und dem Ahornsirup (oder auch Neera-Baumsirup) mischen. Eine Woche lang jeden Morgen ein Glas mit 200 ml des fertigen Saftes (Zimmertemperatur) trinken.

Die Noni ist also ein Nahrungsmittel, das wir in Erinnerung behalten sollten, auch wenn sie bis jetzt in der Küche noch unbekannt war.

100 % NONI

Greifen Sie zu Noni-Saft, der wirklich 100 % der Frucht und keine anderen Inhaltsstoffe enthält. Einige Hersteller fügen andere Fruchtsäfte hinzu, um den Geschmack zu verbessern und die Herstellungskosten zu senken.

Kraftspendender Reinigungssaft

250 ml natürlicher Karotten- und Traubensaft (zu gleichen Teilen) • 30 ml Noni-Saft • 1 TL Pulver der Spirulina-Alge

Alle Zutaten vermischen und nach Geschmack mit Honig süßen. Auf nüchternen Magen trinken.

Entspannungstees

In einer Leserumfrage einer bekannten spanischen Tageszeitung gab der Großteil der Befragten an, dass es eine der größten Freuden des Tages sei, eingewickelt in eine Decke auf dem Sofa zu liegen. Runden wir dieses Bild noch mit einer Tasse heißem Tee ab, ist es wahrlich perfekt, oder? Gerade die ständig wechselnden Herbsttage (mal ist es regnerisch, mal kalt) bieten den idealen Rahmen für dieses beruhigende Vergnügen. Nutzen wir diese wohlverdiente Pause in der unendlichen Reihe von Aufgaben und Verpflichtungen, um unsere Kräfte wieder zu sammeln und unseren Geist ins Gleichgewicht zu bringen. Unser Vorschlag dafür ist einfach: Zuerst schalten wir den Fernseher ab und legen beruhigende Musik auf. Wir entspannen uns und bereiten uns dann je nach Lust und Laune einen unserer Entspannungstees zu.

PFLANZLICHE HILFE

Angesichts des Überhandnehmens von Stress, Ängsten, Reizbarkeit, Schlaflosigkeit u.Ä. in unser heutigen Gesellschaft ist es gut, dass wir auf die Hilfe einer Reihe von Pflanzen, die das Nervensystem beruhigen und ausgleichen, zählen können.

Viele dieser Pflanzen unterstützen uns in Form von Kräutertees und Suden, auch wenn dies nicht die einzigen Möglichkeiten sind, die positiven Eigenschaften zu nutzen. Ein ausgezeichneter Helfer an Tagen, an denen wir erschöpft nach Hause kommen und uns nach Ruhe und Entspannung sehnen, ist z.B. Lavendelöl, mit dem wir uns ein beruhigendes Bad bereiten können. Auch aus Hafer kann man einen Sud herstellen. In Form von Flocken oder auch in einem Shake hilft diese nahr- und schmackhafte Alternative in Situationen, in denen wir uns schwach, nervös, erschöpft und lustlos fühlen oder wenn wir uns gerade von einer Krankheit erholen.

Was den Baldrian betrifft, so kann man daraus einen exzellenten Nerventee kochen oder aber gleich ein Stück Baldrianwurzel langsam im Mund zerkauen. Das ermöglicht auf effektive Weise die direkte Aufnahme der Wirkstoffe ins Nervensystem, wo sie sich entfalten.

Dies sind nur einige Beispiele dafür, wie wir auf Pflanzen zurückgreifen können, um uns zu entspannen. Sehen wir uns nun einige Rezeptvorschläge dazu auf den nächsten Seiten an.

Rezept für 1 Person

Lindenblütentee

1 TL Lindenblüten • 250 ml Wasser

Die Lindenblüten in das kochende Wasser einrühren, den Topf vom Herd nehmen, mit einem Deckel verschließen und die Mischung 2 bis 3 Minuten ziehen lassen. Dann den Tee abseihen und mit Honig (vorzugsweise mit Lindenblütenhonig) süßen. Unser Tipp: eine heiße Tasse dieses Tees vor dem Schlafengehen trinken. Lindenblütentee reduziert übrigens auch deutlich die Magensäure. Trinken Sie im Falle eines übersäuerten Magens ein Tässchen nach dem Essen.

Wer die Lindenblüten selbst sammelt, sollte nur wirklich geöffnete Blüten pflücken und noch geschlossene oder welke zurücklassen. Idealerweise sammelt man an einem sonnigen, regenfreien Tag und legt oder hängt die Blüten dann so schnell wie möglich zum Trocknen auf.

Entspannungstees

Blattsalattee

2 frische Blätter Kopfsalat • Etwas Orangenblüten (getrocknet erhältlich) • 250 ml Wasser

Die Zutaten mit kochendem Wasser übergießen. Dann das Gefäß gut verschließen und 5 Minuten lang ziehen lassen. Schließlich den Tee abseihen und mit Orangenblütenhonig nach Geschmack süßen. Eine heiße Tasse vor dem Abendessen trinken.

Salbeidrink

4 Salbeiblätter • 250 ml Milch

Die Milch in einem Topf aus rostfreiem Stahl zum Kochen bringen und dann die Salbeiblätter einstreuen. Einige Sekunden lang kochen lassen, die Herdplatte abdrehen und den Topf mit einem Deckel gut verschließen. 10 Minuten lang ziehen lassen, dann abseihen und nach Geschmack mit etwas Honig süßen. Von diesem beruhigenden Getränk kann man eine heiße, nicht kochende Tasse abends vor dem Zubettgehen trinken.

Johanniskrauttee

10 g getrocknetes Johanniskraut
• 10 g Melissenblätter
• 5 g Passionsblume
• 250 ml Wasser

Die Zutaten in gerade abgekochtes Wasser einrühren und 5 Minuten lang ziehen lassen. Mithilfe eines Siebes filtern und mit Honig süßen. Tipp: den Tee heiß vor dem Schlafengehen trinken.

ACHTUNG

Menschen, deren Haut nach der Einnahme bestimmter Medikamente allergisch auf Sonnenlicht reagiert (Photoallergie), sollten von Johanniskrauttee Abstand nehmen, da es nach dessen Konsum zu allergischen Reaktionen kommen kann, wenn man die Haut der Sonne aussetzt.

Rosentee

1 TL Rosenblätter
• 1/2 TL Katzenminze
• 1/2 TL Thymian

Alle angegebenen Zutaten in frisch abgekochtes Wasser geben, umrühren und gut verschließen. Einige Minuten lang ziehen lassen, dann mit einem Sieb abseihen und nach Geschmack mit ein wenig Honig süßen. Eine heiße Tasse des Tees trinken, wann immer Sie Lust darauf haben.

Rezepte für 1 Person

Baldriantee

10 g Baldrianwurzel • 20 g Hopfenblüten • 10 g Hibiskusblüten • 5 Minzblätter • 250 ml Wasser

Um deren Inhaltsstoffe maximal nutzen zu können, muss man die Pflanzen alle gemeinsam von in der Früh bis zum Abend im Wasser einweichen und vor dem Abseihen leicht erhitzen. Die entspannende Wirkung dieses Tees ist einfach großartig. Und er eignet sich auch besonders für ältere Leute.

Hauptwirkstoff der Baldrianwurzel ist die Valeriansäure – eine sehr flüchtige Substanz. Deshalb sollte die Baldrianwurzel frisch sein oder aber in einem luftdicht verschlossenen Gefäß gelagert werden, um eine optimale Wirkung zu erreichen und die Verflüchtigung der Wirkstoffe zu verhindern.

Zitronenmelissentee

1 TL Zitronenmelisse • 1/2 TL Oregano • 1/2 TL Weißdorn • 250 ml Wasser

Wenn das Wasser kocht, alle Zutaten hinzufügen. Den Topf vom Herd nehmen und mit einem Deckel verschließen. Dann den Tee 5 Minuten ziehen lassen, abseihen und schließlich nach Geschmack süßen. Eine heiße Tasse abends vor dem Zubettgehen trinken.

Wichtig: den Topf gut abdecken und vor dem Abseihen die kleinen Tropfen kondensiertes Wasser in den Tee zurückfließen lassen, denn die entspannende Wirkung der Zitronenmelisse (oder Melisse; Melissa officinalis) liegt hauptsächlich in den ätherischen Ölen, die sofort entweichen, sobald die Blätter mit dem kochenden Wasser in Berührung kommen. Deckt man den Topf nicht ab, verflüchtigen sich diese wertvollen Öle sofort.

Passionsblumentee

1 TL Passionsblume • 1/2 TL Lindenblüten • 1/2 TL Kamille • 250 ml Wasser

Alle oben angegebenen Zutaten in gerade abgekochtes Wasser einrühren und 5 Minuten lang ziehen lassen. Den Tee dann vorsichtig mithilfe eines Siebes abseihen und nach Geschmack mit Orangenblütenhonig süßen. Tipp: vor dem Schlafengehen heiß trinken.

Kombitee mit Passionsblume

10 g Melissenblätter • 10 g Passionsblume • 10 g Klatschmohn (Blütenblätter) • 10 g Orangenblüten (getrocknet erhältlich) • 250 ml Wasser

Alle Zutaten 30 Sekunden lang in kochendem Wasser kochen und 10 Minuten lang gut zugedeckt ziehen lassen. Dann den Tee abseihen und nach Geschmack mit Honig süßen. In kleinen Schlucken nach dem Abendessen trinken.

Entspannungstees

Rezepte für 1 Person

Klatschmohntee

1 TL Klatschmohn (Blütenblätter) • 250 ml Wasser

Die Blütenblätter in eine Tasse mit dem frisch abgekochten Wasser einrühren und einige Minuten lang ziehen lassen. Dann den Tee vorsichtig abseihen und nach Geschmack mit ein wenig Honig süßen. Klatschmohnblütenblätter setzt man übrigens auch ein, um Hustenanfälle bei Kindern und älteren Leuten zu lindern. Auch die Mohnkapseln kann man verwenden. Tipp: die noch grünen Kapselfrüchte ca. 1 Woche, nachdem sich die Blüte geöffnet hat, pflücken und dann 2 bis 3 Kapseln 5 Minuten in Wasser (1 Tasse) kochen lassen. Von diesem Wasser können Kinder 3 bis 4 EL mit etwas Honig oder gut mit Milch vermischt vor dem Schlafengehen zu sich nehmen.

Schlaftee

20 g Johanniskraut • 20 g Zitronenmelisse (oder Melisse) • 10 g Himbeerblätter • 10 g Weißdornblüten und -blätter • 5 g Baldrianwurzel • 5 g Passionsblume • 5 g Hopfenblüten • 5 g Lavendelblüten • 250 ml Wasser

Alle Zutaten gut vermischen und einige TL dieser Mischung in eine Tasse mit frisch abgekochtem Wasser einrühren. Mindestens 5 Minuten lang ziehen lassen und vorsichtig abseihen. Mit ein wenig Orangenblütenhonig nach Geschmack süßen. Eine heiße Tasse vor dem Zubettgehen trinken. Wie schon erwähnt, muss man bei der Baldrianwurzel während der Ziehdauer das Gefäß gut verschließen, um das Entweichen der ätherischen Öle zu verhindern.

Basilikumtee

1/2 TL Basilikum • 1/2 TL Salbei • Schale von 1 Orange • 250 ml Wasser

Wenn die Orangenschale nicht zum Verzehr geeignet ist, dann bitte gründlich, vielleicht mithilfe einer kleinen Bürste waschen, um alle Rückstände zu beseitigen. Für die Zubereitung das kochende Wasser über alle Zutaten gießen, die Tasse abdecken und 4 bis 5 Minuten ziehen lassen. Dann abseihen und mit etwas Honig süßen. Der Tee wird gewöhnlich heiß und gleich nach dem Essen getrunken.

ANTI-STRESS-BAD

Ein Bad mit Melisse hat einen beachtlichen Effekt auf den gesamten Körper. Nehmen Sie 2–3-mal pro Woche ein solches Bad, wenn Sie besonders gestresst sind oder gerade eine lange Autofahrt hinter sich haben. Ein Melissenbad eignet sich auch ausgezeichnet dafür, unruhige Kinder zu beruhigen, die gerade dann, wenn sie eigentlich müde sind, oft erst recht zappelig werden.

Winter

Die Qualität dessen, was wir essen, ist viel wichtiger als die Temperatur. Natürlich neigen wir gerade im Winter zu warmem Essen, aber wir sollten nicht vergessen, dass es die Nahrungsmittel selbst sind, die uns mit Energie versorgen. Beispielsweise wärmt uns ein Stück frisches Saisonobst mit einigen Nüssen oder Dörrobst viel besser als ein Teller weißer Reis, auch wenn er warm ist. Energie hängt nicht von der Temperatur ab, sondern von der Zusammensetzung der gewählten Nahrung. Aus diesem Grund ist es wichtig, dem Körper nahrhafte Lebensmittel zuzuführen und komplizierte Mischungen, die ihn viel Energie und Kraft bei der Verdauung kosten, zu vermeiden. Wir laden Sie dazu ein, zu Hause einige Säfte zu probieren, die den Organismus mit Leben erfüllen und gleichzeitig auch wärmen. Und da wir wissen, dass ein heißes Getränk manchmal trotzdem sehr tröstlich sein kann, bieten wir auf den nächsten Seiten auch noch einige warme Optionen für die Zubereitung zu Hause an.

Einen Kaffee, bitte!

Täglich entdecken immer mehr Menschen das Vergnügen einer guten Tasse Kaffee. In unserer Kultur sind Kaffee und Brötchen zum Frühstück fast schon eine Institution und auch als Digestif findet er immer mehr Anhänger. Viele von uns trinken aber Kaffee inzwischen nur noch aus Zeitvertreib und mit dem Ziel, sich den ganzen Tag fit und aktiv zu halten. Doch der Kaffeegenuss kann so viel mehr als das sein, gerade in dieser Jahreszeit, in der der Körper nach wohlig warmen Getränken verlangt. Warum halten wir nicht einmal inne und entdecken gemeinsam die Vorzüge eines richtig guten Kaffees? Warum lassen wir uns nicht von den verschiedensten Zubereitungsarten und den damit verbundenen Aromen und Geschmacksrichtungen vieler Länder und Kulturen, nah und fern, verführen, die alle eines gemeinsam haben: Kaffee.

Heißer Kaffee

Ein wenig Geschichte

Das Wort „Kaffee" leitet sich vom alten arabischen Ausdruck „qahwah" ab, der auch andere aus Pflanzen extrahierte Getränke wie Wein bezeichnen kann. Als der Kaffee im 17. Jahrhundert nach Europa kam, nannte man ihn anfänglich „arabischer Wein".

Im 11. Jahrhundert wurden die ersten Pflanzen in bewässerten Regionen in der Nähe des Roten Meeres im Jemen angebaut. Von dort aus dehnte sich das Anbaugebiet in den Norden der arabischen Halbinsel aus und nach deren Eroberung durch die Türken 1517 eroberte der Kaffee das gesamte Osmanische Reich. In der islamischen Welt war die Ankunft des Kaffees höchst willkommen, da der Genuss von Alkohol in dieser Religion ja strikt verboten ist. Langsam gelangten Gerüchte über dieses neue Getränk auch nach Europa, bis einige Händler im Jahre 1615 ein paar Säcke Kaffee aus der Hafenstadt Mocha (Jemen) nach Venedig einführten. Ebendort, in Venedig, entstand 1645 das erste „Kaffeehaus", wo man sich auf das Servieren von Kaffee in Tassen spezialisierte.

Schon nach kurzer Zeit etablierten sich die ersten Kaffeehäuser in England, Frankreich, Holland und 1673 auch in Deutschland. Als die Türken 1683 in Wien besiegt wurden, hinterließen sie angeblich 300 Säcke ungerösteten Kaffee. Diese machte sich der Legende nach Georg Franz Kolschitzky zu eigen und eröffnete damit sein eigenes Geschäft, das erste „Wiener Kaffeehaus", das fortan der beliebteste Treffpunkt der Wiener war. Um 1760 hatten in Wien schon weitere 200 Kaffeehäuser ihre Tore geöffnet.

Anfangs stammte aller Kaffee aus dem Jemen, wo die Produzenten versuchten, ihr Monopol zu schützen, doch bald begannen die Holländer Kaffee in Ceylon (Sri Lanka) anzubauen, bis dort ein Pilz alle Pflanzen zerstörte und der Anbau nach Java und Sumatra verlegt werden musste. Die ersten Plantagen in holländischen Kolonien gab es deshalb schon im Jahre 1658.

Bis zur Hälfte des 18. Jahrhunderts war der Kaffeegenuss nur in aristokratischen Kreisen üblich, doch mit der industriellen Revolution fielen dank der neuen Produktionsmethoden die Kaffeepreise und der Kaffee hielt auch Einzug in die Kultur des „einfachen Volkes".

GESCHMACKSSACHE

Bei der Zubereitung spielen viele kulturelle und soziale Faktoren eine Rolle, doch die Basis ist immer dieselbe: Die gerösteten, gemahlenen Bohnen werden mit kochendem Wasser gemischt und daraus wird ein aromatisches Getränk gewonnen. Dieser Prozess kann mit einer Kaffee- oder Espressomaschine etc. durchgeführt werden. Die Methode hängt vom Geschmack des Einzelnen ab, doch eines steht fest: Kaffeezubereitung ist immer ein Ritual.

Türkischer Kaffee

Rezept für 1 Person

Türkischer Kaffee wird im sogenannten „Cevze", einer Art Kessel aus Kupfer oder Messing (innen mit Zinn ausgekleidet), den es in verschiedensten Größen gibt, zubereitet. Die besten Cevzes sind aus Kupfer, wo sich die Hitze schneller ausbreitet. Türkischen Kaffee gibt es in verschiedensten Variationen – von süß bis ungezuckert. In einigen Regionen der Türkei fügt man Kardamom hinzu, was ihm ein exotisches Flair verleiht. Die Sorte, die man für den türkischen Kaffee verwendet, ist die helle Arabica-Bohne, welche fein und – wenn möglich – erst kurz vor der Zubereitung des Getränkes gemahlen wird, um das Aroma zu wahren.

Khave

2 TL Zucker
(für einen halbsüßen Kaffee)
• 2 TL fein gemahlener Kaffee
(vorzugsweise Arabica)

Kaltes Wasser gemeinsam mit Zucker und Kaffeepulver im Cevze auf mittlerer Flamme erhitzen und dabei ab und zu, aber nur oben, umrühren, damit sich Schaum bildet. Wichtig ist den Boden des Cevze nicht zu berühren. Wenn der Kaffee kocht, kurz vom Herd nehmen und ein Drittel der Tasse damit füllen. Den restlichen Kaffee wieder erhitzen, bis er kurz vor dem Kochen steht. Dann die restliche Tasse damit auffüllen. Türkischer Kaffee muss heiß und schäumend serviert werden. Bevor man den Kaffee aber wirklich trinken kann, muss man abwarten, bis der Kaffeesatz auf den Boden der Tasse abgesunken ist.

Wiener Kaffee

Rezepte für 1 Person

In den Kaffeehäusern der österreichischen Hauptstadt wie im übrigen Land finden wir eine große Auswahl an verschiedensten Kaffees. Die *Melange* (aus dem Französischen für „Mischung") ist z.B. eine Tasse Kaffee mit reichlich heißer, aufgeschäumter Milch. Bestellt man sie *„mehr licht"* (im Sinne von heller), bekommt man mehr Milch als Kaffee. Kaffee serviert man oft mit *Obers* (Schlagsahne) und einem Glas Wasser, welches von guten Kellnern immer wieder aufgefüllt wird. Diese Tradition erlaubte den Literaten vergangener Zeiten, den ganzen Tag im Kaffeehaus zu verbringen, „mit einem Tässchen Kaffee und zehn Gläsern Wasser"!

Ein *Konsul* ist ein großer Mokka (großer Espresso) mit einem Schuss frischer Sahne. Gibt man statt Sahne einen Schuss Rum hinzu, dann heißt er *Fiaker*. Ein *Kleiner Schwarzer*, auch *Mokka* genannt, ist ein extrastarker Kaffee aus bester Arabica-Bohne. Im *Kapuziner* verwendet man dieselbe Sorte, krönt das Ganze aber noch mit einer Haube gesüßter Schlagsahne und ein *Kurzer* ist ein Mokka mit wenig Wasser.

Melange

1 Tasse Kaffee oder Espresso • Frische Milch (nach Geschmack)

Kaffee zubereiten und Milch erhitzen, aber nicht zum Kochen bringen. Die Hälfte der Milch mit einem Schneebesen oder Milchschäumer aufschäumen. Den Kaffee in eine große Tasse gießen, dann die Milch und zuletzt den Milchschaum hinzufügen.

Konsul

1 kleine Tasse starker Filterkaffee oder Espresso • 1 TL flüssige Schlagsahne

Den Kaffee zubereiten und im Tässchen servieren. Dann die Sahne mit einem Kaffeelöffel hinzufügen, nicht umrühren und gleich mit einem Glas Wasser servieren.

Aromatischer Wiener Kaffee

2 EL Instantkaffee • 3 Gewürznelken • 40 g Zucker • 1/2 große Zimtstange • 200 ml kochendes Wasser • 50 g Schlagsahne, geschlagen • Zimtpulver

Den Kaffee gemeinsam mit der Zimtstange und den Gewürznelken (alles in einem Teefiltersäckchen) in einem Topf mit dem kochenden Wasser übergießen und alles noch einmal zugedeckt aufkochen. Vom Herd nehmen und 8 Minuten lang ziehen lassen. Dann den Filtersack mit der Zimtstange und den Nelken entfernen, den Kaffee zuckern und in Tassen mit Schlagsahne und Zimtpulver dekoriert servieren.

Italienischer Kaffee

Italien ist die Wiege des „Königs des Kaffees", des Espressos, der dort einfach nur *caffè* heißt. Die Zubereitung des heißen, aromatischen und belebenden Getränkes ist ein echtes Ritual und reicht in Italien mehr als drei Jahrhunderte zurück.

Diesen speziellen Kaffee kann man nicht einfach mit einer gewöhnlichen Kaffeemaschine herstellen. Tatsache ist, dass für einen guten Espresso eine bestimmte Technik notwendig ist. Pro Tasse verwendet man 6 bis 7 g sehr fein gemahlenen Kaffee, durch den 90 °C heißes Wasser mit einer Kraft von 9 oder 10 Bar pro Tasse gepresst wird. Dieser Prozess darf in der Maschine höchstens 30 Sekunden dauern, sodass sich die Aromastoffe des Kaffees lösen und sich eine 3 mm hohe Schaumschicht auf dem fertigen Kaffee bildet, die zu seinem Geschmack beiträgt.

Für die Espressoherstellung greift man auf eine ziemlich ausgefeilte Maschine zurück. Anfang der Sechzigerjahre (das Jahrzehnt der Weltraummissionen) brachte die italienische Firma Faema die Faema E 61 für den Gastronomiesektor auf den Markt, die zuerst mit Gas und später mit Strom funktionierte. Sie war einfach zu bedienen, hielt ihre Temperatur und eine eingebaute Wasserpumpe garantierte den notwendigen Druck. Außerdem verfügte die Maschine über heißes Wasser und Dampf zum Erhitzen und Aufschäumen der Milch, und Milchschaum ist essenzieller Bestandteil eines guten Cappuccinos. Heutzutage basieren eigentlich alle professionellen Espressomaschinen auf demselben Prinzip wie dieses Wunderwerk der Technik und Pioniergerät der Kaffeezubereitung.

Espresso

Keine Angst: Ein Espresso lässt sich zu Hause auch ohne professionelle Espressomaschine herstellen. Eine einfache und günstige Alternative sind die altbekannten Espressokannen für den Herd. Der einzige Nachteil besteht hier darin, dass man auf den speziellen Espressoschaum verzichten muss. Haushaltsgerätehersteller bringen kontinuierlich neue Maschinen und Produkte für den professionellen, aber auch für den Hausgebrauch auf den Markt. Es existieren schon viele Arten von Kaffee, die speziell für die Espressozubereitung geröstet wurden, und auch der einzeln abgepackte Kaffee steht oft einem Espresso aus dem Restaurant um nichts nach.

ESPRESSOARTEN

- Normaler Espresso: besteht aus 50 bis 60 ml Kaffee und wird in einer kleinen Tasse serviert.
- Amerikanischer Espresso: Ein normaler Espresso wird mit heißem Wassers gemischt und in einer großen Tasse serviert.
- Espresso macchiato: wird mit etwas Milchschaum serviert.
- Espresso ristretto: wird mit derselben Menge Kaffeepulver wie ein normaler Espresso, aber mit weniger Wasser hergestellt.
- Espresso Romano: wird mit einer Zitronenscheibe serviert.
- Espresso Latte: wird mit etwas Milch und manchmal auch mit Milchschaum serviert.

Italienischer Kaffee

Cappuccino

Für die Zubereitung eines guten Cappuccinos empfiehlt es sich, kalte Magermilch zu verwenden, da Vollmilch zu sehr den Geschmack des Kaffees überdeckt. Man gießt die notwendige Menge Milch in ein hitzeresistentes Kännchen, welches man unter den Milchschäumer der Kaffeemaschine stellt. Dann mit dem Dampf Stück für Stück die Milch schäumen und das Kännchen dabei so bewegen, dass der Schaum sich über der gesamten Milchoberfläche gleichmäßig verteilt. Gleichermaßen wichtig ist, dass die Milch unter keinen Umständen kocht; sie soll nur auf eine Temperatur von ca. 60 °C erhitzt werden. Die Menge des Espressos sollte gleich groß sein wie die Menge der geschäumten Milch, die wir hinzufügen. Milch und Kaffee können mit einem Löffel gemischt werden um eine einheitliche braune Farbe, gekrönt von einer weißen Haube (die auch mit Kakaopulver bestäubt werden kann), zu erhalten. Wer keine Espressomaschine mit Milchschäumer besitzt, kann die Milch auch per Hand schaumig schlagen. Sie wird zwar nicht so lange halten, aber sie sieht hübsch aus und schmeckt sogar besser.

Latte macchiato

Im Unterschied zum Cappuccino besteht der Latte macchiato, wie sein Name schon zeigt („befleckte Milch"), hauptsächlich aus heißer Milch und etwas Espresso für den Geschmack. Genau wie der Cappuccino wird Latte macchiato nicht vor oder nach dem Essen getrunken, sondern morgens zum Frühstück oder in Pausen zwischendurch. Er eignet sich besonders als Begleitung zu Toast, Panino oder Sandwich.

Manchmal wird der Latte macchiato mit dem Cortado (spanischer Kaffee mit wenig Milch) oder einem normalen Kaffee mit Milch verwechselt, aber mit beiden hat er nichts zu tun. Latte macchiato wird mit Espresso zubereitet, während der Cortado oder auch der Milchkaffee in den meisten Ländern mit starkem Filterkaffee hergestellt wird. Weiters wird diese italienische Spezialität in einer Tasse, die maximal 250 ml fasst, serviert. Der Latte besteht aus drei Schichten: der Milch, dem Espresso und dem Milchschaum. Zuerst gießt man die heiße Milch in ein Glas, dann fügt man den Milchschaum hinzu und gießt schließlich den Espresso vorsichtig ein.

Rezepte für 2 Personen

Mokkaccino

50 g dunkle, geraspelte Schokolade • 100 ml frisch zubereiteter, heißer Espresso • 250 ml Milch • 125 ml Schlagsahne, geschlagen • Schoko-Kaffeebohnen und Schokoraspel zum Dekorieren

Die Schokolade auf zwei kleine Tassen aufteilen und dann jeweils mit 50 ml Kaffee übergießen. Gut umrühren, bis sich die Schokolade vollständig aufgelöst hat. Schließlich die Milch erhitzen und mit dem Milchschäumer oder einem Schneebesen aufschäumen. Die geschäumte Milch über den Kaffee gießen und diesen mit Schlagsahne und dem Dekor verzieren. Sofort servieren.

Heißer italienischer Kaffee

5-6 cl italienischer Brandy • 2 cl Amaretto • Brauner Zucker • 2 Tassen doppelter Espresso • Schlagsahne

Brandy und Amaretto erhitzen und in ein Glas füllen. Dann Zucker und Kaffee hinzufügen und durchrühren. Mit geschlagener Sahne dekorieren.

Französischer Kaffee

Rezepte für 2 Personen

Französischer Kaffee hat einen ganz eigenen Geschmack. Normalerweise wird er auf Basis von aus Costa Rica stammenden Arabica-Bohnen, die für ihren intensiven Geschmack und ihren erhöhten Säuregrad bekannt sind und besonders lange geröstet werden, hergestellt.

Für die französische Methode verwendet man einen nur sehr grob gemahlenen Kaffee. Vor allem in der Früh mischt man den Kaffee zeitweise mit Zichorie (Wurzel der Wegwarte), um ihm einen intensiveren und aromatischeren Geschmack zu verleihen. Mit Milch serviert wird daraus ein appetitliches, karamellfarbenes Getränk. So eine Tasse französischer Milchkaffee sättigt, doch genießt man dazu noch ein typisches Baguette, Croissant oder eine Schaumrolle, ergibt das ein komplettes Frühstück, das bis zum Mittagessen mit ausreichend Energie versorgt.

In Frankreich verbreitet ist die „Pressmethode", bei der der gemahlene Kaffee in einer Glaskaffeekanne aufgegossen wird. Der Kaffeesatz wird nach kurzer Ziehdauer mithilfe eines Drahtgeflechts auf den Boden gedrückt. Diese Kannen sind in jedem Haushaltswarengeschäft erhältlich und gaben ihr Debüt im Jahr 1658. Ihre Beliebtheit stieg beachtlich während der Herrschaft von Ludwig XIV. Zu Beginn war die Kaffeekanne nicht mehr als ein einfacher Krug mit einem Gefäß, das der Erhitzung des Wassers mithilfe einer mit Alkohol betriebenen Lampe diente.

Café au Lait

20 g intensiv schmeckende Kaffeebohnen • 1/4 Zichorientablette (nach Geschmack) • 1/4 l Milch

1/4 l Wasser zum Kochen bringen. Inzwischen die Kaffeebohnen grob mahlen und gemeinsam mit der Zichorientablette in eine Glaskaffeekanne mit Filter füllen. Sobald das Wasser kocht, den Topf vom Herd nehmen und kurz abkühlen lassen.

Dann das Wasser über den Kaffee gießen und umrühren. Die Kanne verschließen und den Filter erst nach 5 Minuten Ziehdauer entfernen (man muss ihn ganz vorsichtig herausziehen). Währenddessen die Milch auf 60 °C erhitzen (nicht kochen) und in einem Krug beiseitestellen. Milchkaffee schenkt man gewöhnlich mit beiden Händen ein – mit einer den Kaffee, mit der anderen die Milch zu gleichen Teilen. In einer großen Tasse oder kleinen Schale servieren.

Café après (mit Schokolade)

250 ml Milch • 50 g Bitterschokolade • 1/2 Zimtstange • 1/2 Vanilleschote • 1/2 Tasse intensiv schmeckender Kaffee • Schale von 1/4 Orange

Die Tassen vorwärmen. Dann die Milch mit Zimt und Schokolade auf mittlerer Flamme unter ständigem Rühren erhitzen, bis sie kocht. Nun den Topf vom Herd nehmen. Die Vanilleschote mit einem Messer aufritzen und ausschaben, den Inhalt und die restlichen Zutaten in die Milchmischung einrühren. Alles abseihen und in die Gläser gießen. Wer will, schmeckt noch mit etwas Likör ab.

Heißer französischer Kaffee

20-30 ml Calvados • 10-20 ml Grand Marnier • Brauner Zucker • 1 Tasse frisch zubereiteter Kaffee • Schlagsahne

Den Calvados und den Granc Marnier erhitzen, aber nicht kochen und warm in ein Glas schütten. Dann den Zucker und den Kaffee hinzufügen und mit geschlagener Sahne verzieren. Sofort servieren.

Amerikanischer Kaffee

Rezepte für 1-2 Personen

Mit den vielen Coffeeshops, die überall aus dem Boden schießen, ist auch das Kaffeetrinken wieder in Mode gekommen. Das Phänomen begann in den USA und breitete sich von dort auf andere Länder, auch zu uns, aus.

In den Vereinigten Staaten hat das Konzept des aromatisierten Kaffees großen Erfolg. Hier erfand man Sirupe, die dem Kaffee verschiedenste, originelle Geschmacksrichtungen (Vanille, Haselnuss, Karamell, Ananas, Mandel, ...) verleihen. Diese neuen Aromen haben maßgeblich dazu beigetragen, dass Kaffeetrinken auch unter jungen Leuten, die bis dahin die typische Tasse Kaffee als langweilig empfunden haben, wieder an Beliebtheit gewonnen hat. Wer Coffeeshops nicht in seiner Nähe hat oder sich von künstlichen Produkten fernhalten möchte, der kann Kaffee auch selbst ganz individuell mit natürlichen Zutaten wie Orangenschale, Zimt, Vanille, Likören etc. verfeinern. Übrigens waren nicht die Amerikaner die ersten, die ihren Kaffee aromatisierten. In Mexiko würzt man schon lange z.B. mit Zimt oder Nelken und serviert den Kaffee mit Sahne und Kakao verziert. In den arabischen Ländern gibt man Kardamom dazu, was dem Kaffee eine exotische Note verleiht.

Vanillekaffee

1/2 Vanilleschote • 2 EL gemahlener Kaffee • Weißer oder brauner Zucker zum Süßen

Vanilleschoten brauchen etwas Zeit, bis sie ihr Aroma abgeben; darum sollte man diesen Kaffee auf die klassische Art zubereiten.

600 ml Wasser zum Kochen bringen und die Vanilleschote mit einem Messer aufritzen. Den Inhalt gemeinsam mit dem Kaffee in eine vorgewärmte Keramikkaffeekanne füllen. Dann das kochende Wasser vom Herd nehmen, 10 Sekunden abkühlen lassen und in die Kaffeekanne gießen. Gut umrühren und die Mischung 5 Minuten lang ziehen lassen. Dann mithilfe eines Siebes abfiltern. Schließlich mit Zucker süßen und der Kaffee ist servierfertig.

Kesselkaffee (mexikanischer Gewürzkaffee)

1/2 Zimtstange • 1 Gewürznelke • 2 cm Orangenschale • 2 EL grob gemahlener Kaffee (Mokka) • Brauner Zucker zum Süßen (nach Geschmack)

Zimtstange, Nelke und Orangenschale in 600 ml Wasser 10 Minuten lang kochen. Dann den Zucker und das Kaffeepulver hinzufügen und die Mischung noch ein zweites Mal aufkochen. Schließlich den Topf vom Herd nehmen und 5 Minuten ziehen lassen. Nun den Kaffee abseihen und servieren. Bei Bedarf nachsüßen.

Heiße Milchgetränke

Immer wieder zweifeln Menschen daran, dass ein Nahrungsmittel, das eigentlich für Kuhkälber gedacht ist, für den menschlichen Organismus geeignet sein kann. In vielen Lebensabschnitten sind die wohltuenden und nahrhaften Eigenschaften der Milch jedoch kaum zu leugnen, obwohl es leider einige Menschen gibt, die Milchzucker (Laktose) nicht vertragen und deswegen auf Milch verzichten müssen.

Einer der Hauptvorzüge, der Milch zu einem höchst attraktiven Lebensmittel macht, ist ihr Gehalt an Kalzium, ein für die Gesundheit unserer Knochen und Zähne fundamentaler Mineralstoff. Konkret gesagt: Zwei Gläser Milch decken unter normalen Umständen schon unseren Tagesbedarf an Kalzium, doch zu bestimmten Zeiten, wie beispielsweise in der Schwangerschaft, Stillzeit, Jugend oder während der Wechseljahre, ist unser Kalziumbedarf erhöht. Weiters versorgt uns Milch mit vielen hochwertigen Proteinen und B-Vitaminen, die positiv auf das Nervensystem wirken. Bei der Milchauswahl empfehlen wir Biomilch, wenn möglich nicht homogenisiert, was heute aber selten ist.

Die Rezeptvorschläge der nächsten Seiten sind alle für warme Getränke, die auf Milch basieren (ideal für die kalte Jahreszeit). Grundsätzlich können die Getränke zu jeder Tageszeit getrunken werden. Da Milch eine Aminosäure enthält, die das Gehirn bei der Melatoninausschüttung (für den Schlaf verantwortlich) unterstützt, eignen sich die milden und schokoladefreien Drinks oder einfach nur ein Glas warme Milch besonders gut vor dem Zubettgehen.

Rezepte für 2 Personen

Kokosmilch mit Gewürzchili

250 ml Milch • 250 ml Kokosmilch • 1 1/2 EL feinkörniger brauner Zucker • 2 Stk. Sternanis, leicht zerstampft • 1 kleine rote Chilischote, der Länge nach aufgeschnitten und entkernt • 125 ml Schlagsahne, geschlagen • Kokosstreusel

Alle Zutaten bis auf die Schlagsahne in einem Topf auf kleiner Flamme 10 Minuten lang erhitzen, bis die Mischung kocht. Dann vom Herd nehmen und in Tassen gießen. Jede Tasse mit einem Klacks steif geschlagener Sahne verzieren. Schließlich die fertige Milch mit Kokosstreusel nach Geschmack bestreuen und sofort servieren.

SELBER MACHEN

Kokosmilch ist mild-cremig und wird gewonnen, indem man das geriebene Fruchtfleisch in Wasser kocht und die daraus resultierende Paste durch ein Sieb drückt.

Heiße Milchgetränke

Rezepte für 2 Personen

Rosmarinmilch

500 ml Milch • 2 große Rosmarinzweige, im Mörser zerrieben • 1-2 TL brauner Zucker nach Geschmack

Die Milch und die Rosmarinzweige auf kleiner Flamme in einem Topf zum Kochen bringen und, sobald der Siedepunkt erreicht ist, den Topf vom Herd nehmen. Fünf Minuten ziehen lassen. Schließlich auf zwei Tassen aufteilen und nach Geschmack süßen. Sofort servieren.

SPEZIELLER TOUCH

Rosmarin mag als Zutat eines Milchgetränkes ungewöhnlich erscheinen, aber er harmoniert nicht nur geschmacklich, sondern ist auch noch gesund. Schon seit langer Zeit weiß man, dass Rosmarin Probleme des Verdauungstraktes lindert sowie die Blutzirkulation und das Erinnerungsvermögen verbessert.

Safranmilch

430 ml Milch • 60 ml gesüßte Kondensmilch • 1/4 TL Safranfäden und einige Extrafäden zur Dekoration • 3 grüne Kardamomkapseln, leicht zerdrückt

Die Milch, die Kondensmilch, die Safranfäden und die Kardamomkapseln in einem Topf auf kleiner Flamme erhitzen, bis die Flüssigkeit zu kochen anfängt. Sobald der Siedepunkt erreicht ist, den Topf vom Herd nehmen und die Mischung 5 Minuten ziehen lassen. Schließlich die fertige Milch in feuerfeste Gläser füllen, mit Safranfäden verzieren und sofort servieren.

Dieses aromatische und exotische Getränk erhält durch den Safran einen erdigen Geschmack und eine satte gelbe Farbe. Es schmeckt ausgezeichnet. Kondensmilch reduziert und mildert diese Geschmacksintensität, man kann ihren Anteil verringern und die Milchmenge anheben.

Honigmilch

500 ml Milch • 2 Zimtstangen, leicht zermahlen • 2 TL Honig • Zimtzucker zum Bestreuen

Die Milch und die Zimtstangen in einem Topf auf kleiner Flamme erhitzen, bis die Flüssigkeit zu kochen beginnt. Dann den Topf sofort vom Herd nehmen und die Zimtstangen andrücken.

Die Zimtmilch in zwei Tassen gießen und mit jeweils einem Teelöffel Honig süßen. Dann mit Zimtzucker bestreuen und die fertige Milch gleich servieren.

Wer die Erwachsenenversion dieses Rezeptes ausprobieren möchte, der fügt nach Belieben noch einen Schuss Rum pro Tasse hinzu.

Heiße Milchgetränke

Weihnachtsmilch

1/2 l Milch • 2 EL Rosinen • 1 EL geriebener Trockeningwer (gezuckert) • 2 TL klarer Honig • 1/2 Bio-Orange, in Scheiben geschnitten • 30 ml Schlagsahne • Zimtzucker zum Bestreuen

Mithilfe eines sternförmigen Keksausstechers einen Stern auf einen Karton zeichnen und vorsichtig ausschneiden, um eine Schablone zu erhalten. Diese dann beiseitelegen, bis sie zum Verzieren benötigt wird.

Milch, Rosinen, Ingwer, Honig und Orangenscheiben gemeinsam in einem Topf auf kleiner Flamme zum Kochen bringen und sofort vom Herd nehmen. Dann die Mischung auf 4 bis 6 Tassen aufteilen. Schließlich die Schlagsahne sanft schaumig schlagen und mithilfe eines Löffels auf die Weihnachtsmilch heben.

Die Sternschablone in die Mitte jeder Tasse auflegen und mit dem Zimtzucker bestreuen, sodass ein hübscher, weihnachtlicher Stern entsteht. Sobald alle Getränke verziert worden sind, die fertige Weihnachtsmilch servieren.

Für süße Träume

1/2 l Milch • 1 EL Lavendelblüten • 2 TL Honig (vorzugsweise Lavendelhonig) • Frisch geriebene Muskatnuss

Milch, Lavendelblüten und Honig in einem Topf auf kleiner Flamme langsam zum Kochen bringen. Dann vom Herd nehmen und 10 Minuten lang ziehen lassen. In Tassen gießen, mit Muskatnuss bestreuen und servieren.

SANFTER LAVENDEL

Lavendel entspannt Körper und Geist, was ihn zu einer idealen Zutat von Einschlafhilfen macht. Lavendelblüten können frisch oder getrocknet verwendet werden, doch trocken sind sie dreimal stärker, was man bei der Menge, die man verwendet, beachten muss. Vorsicht ist bei der Verwendung von frischen Blüten und Stängeln geboten: Immer darauf achten, dass sie frei von Pestiziden sind (Gärtnereien vermeiden!).

Kürbismilch

375 ml Milch • 100 g süßer, gekochter, pürierter Kürbis oder 100 g Kürbispüree aus der Dose • 3 EL brauner Zucker (bei Dosenkürbis nicht notwendig) • 1/4 TL Zimtpulver • 250 ml heißer, frisch zubereiteter Kaffee • Schlagsahne, geschlagen • Zimtzucker zum Dekorieren

Die Milch, das Kürbispüree, den Zucker (wenn verwendet) und das Zimtpulver in einem Topf auf kleiner Flamme unter ständigem Rühren langsam erhitzen, bis die Mischung den Siedepunkt erreicht. Dann die Kürbismilch auf 2 bis 3 Tassen oder feuerfeste Gläser aufteilen und den Kaffee zu gleichen Teilen hinzufügen. Mit Schlagsahne und Zimtzucker verziert servieren.

Die dickflüssige, stark gewürzte Milch mit ihrem Geschmack nach süßem Kürbis ist übrigens das ideale Getränk für Halloween.

Rezepte für 2 Personen

Milch mit Eierpunsch

150 ml Milch • 1/2 Vanilleschote, aufgeschnitten • 1 Ei • 1 EL sehr feinkörniger Zucker (nach Belieben) • 1/4 TL Zimtpulver • 1 Prise geriebene Muskatnuss • 1/2 EL dunkler Rum • 125 ml heißer, frisch zubereiteter Kaffee

Die Milch und die Vanilleschote auf kleiner Flamme zum Kochen bringen und dann den Topf vom Herd nehmen. Währenddessen das Ei, den Zucker und die Gewürze in einem Gefäß schaumig schlagen. Die Milch hinzufügen, durchrühren und wieder in den Topf zurückgießen und von Neuem auf kleiner Flamme unter ständigem Rühren 2 bis 3 Minuten erhitzen, bis die Mischung eine zähflüssige Konsistenz annimmt. Den Herd abschalten, Kaffee und Rum hinzufügen und noch einmal gut durchmischen. Dann die fertige Eierpunschmilch auf zwei feuerfeste Tassen aufteilen und sofort servieren.

Dieses festliche und gemütliche Getränk kann natürlich auch ohne Rum zubereitet werden.

Schwarztee

Auf den folgenden Seiten werden wir uns nun mit Schwarztee beschäftigen. Informationen zu weiteren Tees sind in anderen Kapiteln dieses Buches zu finden, wie z.B. Grüner Tee (S. 104) und Pu-Erh-Tee (S. 40). Schwarztee wird mithilfe eines Oxidationsprozesses hergestellt. Die frisch gepflückten Blätter werden in feuchten Räumen ausgebreitet, wo die Fermentation erfolgt, die je nach Teesorte zwischen 3 und 5 Stunden dauert und durch die die Teeblätter den charakteristischen dunkelgrünen bis schwarzen Farbton annehmen. Schwarzer Tee hat einen kräftigen Geschmack (ähnlich dem Kaffee) und kann mit Milch kombiniert werden. Sein Koffeingehalt ist viel höher als der des Grüntees. Jede Tasse enthält 25 bis 100 mg (abhängig vom Fermentationsgrad). Die beliebtesten Sorten sind Assam, Ceylon, Darjeeling und Earl Grey.

Aromatisierte Tees werden gewöhnlich auf Basis von Teeblättern minderer Qualität hergestellt. In den Geschäften findet man gewöhnlich solche Schwarzteemischungen, aber es gibt auch einige Grünteemischungen, wie der klassische und in China sehr beliebte Jasmintee.

TIPPS FÜR DIE ZUBEREITUNG

Aufbewahrung
Die großen Feinde des Tees sind Licht, Luft und Feuchtigkeit. Darum sollte der Tee in einem luftdicht verschlossenen Gefäß wie einer Dose oder einem Keramikbehälter aufbewahrt werden. Glasgefäße sind zu vermeiden, da das Licht die Teefasern schädigt. Der Aufbewahrungsort sollte sauber, trocken und frei von Gerüchen und Essen sein. Auf diese Weise kann man Tee bis zu 2 Jahre aufbewahren.

Nicht wiederverwenden
Tee sollte nicht wieder aufgewärmt werden. Dadurch verliert er seine antioxidativen Eigenschaften und einmal erkalteter Tee schmeckt aufgewärmt wie ein ganz anderes Getränk, geschmack- und aromalos. Um ein Auskühlen des Tees zu verhindern, empfiehlt sich die Anschaffung eines Stövchens (ein Gestell mit einem Teelicht, auf das die Teekanne platziert wird und das den Tee warm hält). In jedem Fall aber sollte man den Tee dann zubereiten, wenn man ihn auch tatsächlich trinken will. Für einen Einzel- oder Zweipersonenhaushalt raten wir zur Verwendung einer Teekanne mit einem Fassungsvermögen von einem halben Liter. Besser den Tee öfter zubereiten.

Tein kontrollieren
Man kann den Teingehalt bei der Zubereitung regulieren. Die Ziehdauer des Tees bestimmt, wie stimulierend das Getränk wirkt. Tatsache ist, dass sich Tein und auch Koffein gut in heißem Wasser auflösen. Lässt man den Tee 1 oder 2 Minuten ziehen, kommt es zu einer hohen Konzentration an Tein, das schnell vom Organismus aufgenommen wird. Im Gegensatz dazu wird das Aroma bei einer Ziehdauer von 4 bis 10 Minuten zwar viel intensiver, das Tein hat aber viel weniger direkten Einfluss auf den Körper. Der Grund dafür liegt darin, dass die im Tee enthaltenen Tannine Zeit hatten, sich aufzulösen. Diese Tannine verzögern die Aufnahme von Tein im Körper beträchtlich.

ZUBEREITUNG

Man braucht:

- Eine Teekanne: Die Experten bestehen darauf, dass man Teekannen innen niemals auswaschen, höchstens ausspülen und dann trocknen lassen sollte. Grund dafür ist, dass Geschirrspülmittel die feine Schicht, die sich im Inneren der Kanne bildet, angreifen und außerdem chemische Rückstände zurücklassen, die den Geschmack des Tees verfälschen können. Weiters ist es wichtig, dass Teekannen wirklich nur für das Servieren von Tee verwendet werden. Gourmets empfehlen sogar die Anschaffung von drei Kannen: eine für klassischen, eine für geräucherten und eine für aromatisierten Tee. Am besten geeignet sind Kannen aus nicht glasiertem Ton, Porzellan, Glas oder Glaskeramik.

- Tassen: Wir empfehlen weiße Porzellantassen oder einfach durchsichtige Gläser, wie man sie in den arabischen Ländern für Pfefferminztee verwendet.

- Wasser: Stilles Mineralwasser eignet sich besonders gut, da die Teeblätter darin ihr Aroma am besten entfalten. Wir raten zu leichtem, salzarmem Quellwasser. Unter allen Umständen sollte man chlorhaltiges Leitungswasser vermeiden.

Schritt für Schritt

- Die Teekanne vorwärmen. Dafür die Kanne einfach mit heißem Wasser ausspülen, bevor man die Teeblätter einfüllt. Dieser Vorgang ist essenziell, um die Teeblätter zu erhitzen.

- Jeweils einen TL Tee pro Tasse und einen „für die Kanne" in einem Stofffilter (am besten geeignet) in die heiße Teekanne geben, diese sofort verschließen und trocken 3 Minuten lang ruhen lassen.

- Gerade abgekochtes, aber auf keinen Fall mehr siedendes Wasser (Bläschen müssen verschwunden sein) in die Teekanne füllen.

- 2 bis 5 Minuten lang ziehen lassen: Bei einer Ziehdauer von 2 Minuten erhält man einen leichten, stimulierenden und aromatischen Tee, 5 Minuten hingegen führen zu einem eher bitteren (oder adstringierenden) Ergebnis mit weniger Teingehalt (löst sich in der ersten Minute), aber längerer Wirkung.

- Die Tassen in zwei Durchgängen füllen. Zuerst ein wenig Tee pro Tasse eingießen und in der zweiten Runde die Tassen auffüllen. Auf diese Weise sind Geschmack und Qualität des Tees in jeder Tasse gleich.

Schwarztee

Bis zum 16. Jahrhundert produzierte man nur Grüntee, aber bald schon musste man neue Formen der Konservierung finden, um die wachsende Nachfrage zu stillen, denn man konnte sich keinen lagerungsbedingten Qualitätsverlust leisten. So kam es zur Entdeckung, dass sich der Tee durch Trocknung, Fermentation und Erhitzen längere Zeit frisch hält. Das war die Geburtsstunde des schwarzen Tees. Im Folgenden sind nun alle positiven Eigenschaften, die der Schwarztee zu bieten hat, aufgelistet:

- Antioxidativ. Eine Tasse Schwarztee versorgt uns mit 200 mg Flavonoiden, die zu den Antioxidantien zählen und auch in einigen Obst- und Gemüsesorten enthalten sind. Es handelt sich hierbei um Stoffe, die den Körper vor der schädlichen Wirkung freier Radikale schützen, die das Abwehrsystem schwächen, den Alterungsprozess beschleunigen und für Herzleiden sowie degenerative Krankheiten (sogar für einige Arten von Krebs) verantwortlich sind. Damit der Tee diese Flavonoide freisetzt, ist es allerdings notwendig, ihn fünf Minuten lang ziehen zu lassen.

WENIGER STIMULATION

Wegen seines Teingehalts sollten Kinder, nervöse Menschen oder Menschen mit Schlafstörungen vom Genuss absehen. Es gibt den Tee auch „entkoffeiniert"; man kann das Tein selbst entfernen, indem man die doppelte Menge Wasser erhitzt, den Tee damit zubereitet (Ziehdauer 1 Min.), ihn wegschüttet und den zweiten Aufguss trinkt.

- Herzgesund. Aufgrund seines Antioxidantiengehalts wirkt Schwarztee positiv auf das Herz-Kreislauf-System, indem er die Elastizität der Blutgefäße verbessert. Außerdem beugt er der Oxidation des „guten" Cholesterins und der Bildung von Arteriosklerose vor, die für einige Herz-Kreislauf-Erkrankungen verantwortlich ist.

- Stimulierend. Schwarztee hat einen höheren Teingehalt, weshalb er zu den stimulierenden Getränken zählt und ein idealer Frühstücksbegleiter ist.

- Herb. Tannine, die Inhaltsstoffe des Schwarztees, denen wir seinen bitteren Geschmack verdanken, haben eine adstringierende (zusammenziehende) Wirkung. Aus diesem Grund ist Teekonsum bei Durchfall und anderen Störungen des Verdauungssystems förderlich. Abgeraten wird vom Schwarzteegenuss allerdings bei Gastritis und Magengeschwüren, da der Tee die Magensaftproduktion anregt.

- Entwässernd. Schwarzer Tee, wie übrigens alle Arten von Tee, wirkt äußerst harntreibend, das heißt, er hilft dabei, überschüssige Flüssigkeitseinlagerungen und Giftstoffe aus dem Körper zu transportieren.

- Leicht. Ungesüßt ist Schwarztee höchst kalorienarm. Warm getrunken sättigt er mehr als kalt. Deswegen eignet sich der Tee zum Trinken zwischen den Mahlzeiten, um den Hunger so „abzulenken".

Schwarztee

Tee mit Zimt

8 TL Schwarztee • 2 Zimtstangen • Grapefruitschale • 1 l Wasser

Den Tee, den Zimt und ein Stückchen gut gewaschene Grapefruitschale in eine vorgewärmte Teekanne füllen und mit frisch abgekochtem Wasser übergießen. 4 Minuten lang ziehen lassen. Servieren.

Asiatischer Tee

1 1/2 l Wasser • 6 TL Schwarztee • 6 Kardamomkapseln • 1 1/2 TL Fenchelsamen • 3/4 l Milch • Zucker oder Honig zum Süßen

Wasser, Tee, Kardamom und Fenchelsamen in einem Topf 3 Minuten lang auf kleiner Flamme kochen. Dann die Milch hinzufügen und weitere 2 Minuten ziehen lassen. Abseihen, mit Zucker oder Honig nach Belieben süßen und servieren.

Flambierter Tee

1 l Schwarzer Tee (schwach) • 2 große Gläser dunkler Rum • 1/4 Orange • 1/2 Zitrone • 1 Vanilleschote • 2 Gewürznelken • Zimt (nach Geschmack) • Rohrzucker oder Honig

Den Rum, die geschnittene Vanilleschote, die Nelken und die Orange in eine Schale füllen und eine Stunde marinieren lassen, dann filtern. Den kochenden Tee und den Saft von 1/2 Zitrone hinzufügen und in einer Punschschüssel nach Geschmack süßen. Das Glas Rum darüber gießen und anzünden. Den fertig flambierten Tee nun sofort servieren.

Persischer Tee

1 l Milch • 2 EL Schwarztee • Rohrzucker oder Honig

Die Milch zum Kochen bringen und über den Tee gießen. Dann die Mischung 5 Minuten lang ziehen lassen. Den Tee entfernen, nach Belieben süßen und gleich servieren.

Rezepte für 4 Personen

Chai Masala

1 l stilles Mineralwasser • 2 EL Schwarztee • 1 EL Kardamom • 2 EL Zimtstücke • 2 TL Gewürznelken • Brauner Rohrzucker

Gewürze und Tee vermischen. Das Wasser in einem Topf mit der Gewürzmischung zum Kochen bringen und, sobald der Siedepunkt erreicht ist, den Topf vom Herd nehmen. 5 Minuten lang ziehen lassen, abseihen und nach Belieben süßen. Vor dem Servieren noch einmal 7 Minuten ruhen lassen.

Obwohl der echte Chai Masala typischerweise mit einer Fülle von Gewürzen hergestellt wird, haben wir uns bei dieser Variation auf nur wenige Gewürze beschränkt.

Leichter Chai

3 Ingwerscheiben • 6 Gewürznelken • 1/2 TL Koriandersamen • 1 Zimtstange • 3 schwarze Pfefferkörner • 1/4 TL Anissamen • 2 1/2 TL Schwarztee • 750 ml heißes Wasser • 250 ml Milch • 2 EL Honig

Alle Zutaten (bis auf das Wasser) in einer mit Deckel verschlossenen Pfanne 5 bis 10 Minuten lang trocken rösten, ohne dass sie anbrennen. Dann das Wasser erhitzen und über die Zutaten gießen. Nach einigen Minuten den Tee abseihen und in eine Teekanne füllen, die man mit einem Handtuch oder einer Teehaube umschließt, um den Tee warm zu halten. Den fertigen Tee süßen und servieren.

Minztee

10 Minzblätter • 6 Rosenblütenblätter • 2 EL Schwarztee (optional) • 1 l Wasser

Alle Zutaten in eine Teekanne aus Keramik füllen. Das Wasser zum Kochen bringen und darübergießen. Abdecken und 3 Minuten ziehen lassen. Schließlich die Mischung abseihen und bei Bedarf mit Honig oder Zucker süßen.

MINZE

Die Minze stimuliert Leber- und Verdauungsfunktionen. Sie hilft bei Kopfschmerzen, träger Verdauung, Blähsucht und krampfartigen Schmerzen des Verdauungstraktes. Abgesehen davon lindert sie die Symptome bei Erkältung, Bronchitis oder Nasennebenhöhlenentzündung.

Malzgetränke

Tee und Kaffee sind die meistgetrunkenen Getränke der Welt. Da wir nun schon die positive Wirkung von Tee und viele köstliche Rezepte für Kaffee vorgestellt haben, wollen wir uns jetzt kurz mit den Tee- und Kaffeeersatzgetränken auf pflanzlicher Basis beschäftigen. Diese sind vor allem für jene Menschen interessant, die den aufputschenden Effekt des Koffeins auf das Nervensystem vermeiden wollen. Schon seit langem verwendet man traditionell drei Pflanzen als Kaffeeersatz: die Zichorie, das Kletten-Labkraut und Eicheln. Die Getränke, die man aus diesen drei Pflanzen gewinnt, sind recht bitter und müssen darum sicherlich gesüßt werden.

Geröstete und pulverisierte Zichorienwurzeln werden schon seit dem 18. Jahrhundert zur geschmacklichen Verfeinerung von Kaffee und in Zeiten des Kaffeemangels auch als Kaffeeersatz verwendet. Für die Zubereitung eines solchen Zichorienkaffees müssen zuerst die Wurzeln getrocknet und gereinigt werden, dann röstet man sie im vorgeheizten Ofen auf mittlerer Stufe.

Nach dem Rösten lässt man die Wurzeln abkühlen und mahlt sie zu einem feinen Pulver. Schließlich mischt man dieses Pulver mit kochendem Wasser (1 TL pro Tasse) und seiht es ab.

Kletten-Labkraut-Früchte ergeben einen exzellenten Kaffeeersatz und gehören sogar derselben Familie an, den Rubiaceae (Kaffeegewächse). Für die Herstellung die Früchte auf mittlerer Stufe im Ofen rösten, abkühlen lassen, mahlen und jeweils einen Teelöffel dieses Pulvers pro Tasse mit kochendem Wasser mischen. Schließlich abseihen – und das Getränk ist fertig.

Auch mit **Eicheln** kann man einen schmackhaften Kaffeeersatz herstellen. Frisch pflücken und im Ofen auf mittlerer Stufe rösten. Wenn sie abgekühlt sind, zu Pulver mahlen, das mit kochendem Wasser gemischt (1 TL pro Tasse) und vor dem Servieren abgeseiht wird.

MIT HONIG SÜSSEN

Malzgetränke haben einen leicht bitteren Geschmack, der nicht jedem zusagen muss. Zum Süßen empfehlen wir Honig, nicht Zucker. Auf diese Weise werden die positive Wirkung auf den Magen und die entwässernden, kräftigenden und appetitanregenden Eigenschaften dieser gesunden Getränke voll genutzt.

MALZHERSTELLUNG

Zweifellos sind Malzgetränke die erste und beliebteste Alternative zum Kaffee. Deswegen widmen wir ihnen hier einen ganz speziellen Abschnitt. Obwohl man Malz aus vielen Getreidesorten herstellen kann, ist die meistverwendete doch die Gerste, da sie die meiste Stärke enthält, ein Stoff, der sich beim Keimen in Zucker umwandelt. Auch sollte man sich eines großen Unterschiedes bewusst sein, wenn man abgepacktes Malz kauft: Das selbst gemachte besteht aus dem Gerstenkeimling, der bei der industriellen Malzherstellung aus der Lösung wieder entfernt wird und als Futtermittel dient. Malz kann man zu Hause leicht herstellen:

- Zuerst die Gerste mindestens 12 Stunden lang in lauwarmem Wasser einweichen, dann in einem porösen Sack oder einem feuchten Küchentuch aufbewahren.

- Jetzt die Gerste auf der Arbeitsfläche oder einem Teller, der groß genug ist, dass sie nicht auf einem Haufen liegt, ausbreiten und 10 Tage lang bei Temperaturen von 17 bis 20 °C liegen lassen und dabei ab und zu mit lauwarmem Wasser besprenkeln, aber nicht zu viel. Steigt die Temperatur über 20 °C, breitet man die Gerste mehr aus; fällt sie unter 17 °C, schiebt man sie etwas zusammen.

- Nach 10 Tagen hat die Gerste ca. ihre doppelte Größe erreicht. Jetzt die Keimlinge im Ofen auf kleinster Stufe erhitzen und dabei die Ofentür einen Spalt geöffnet lassen, damit sie leichter trocknet.

- Wenn die Gerste ganz trocken ist, im Ofen oder in einer Pfanne auf mittlerer Stufe rösten.

- Jetzt nur noch mahlen und das Malz ist fertig für die Kaffee- bzw. Teezubereitung (z.B. einen Teelöffel pro Tasse Wasser).

Malzgetränke

Frappé mit Malzkaffee

250 ml frischer Espresso • 2 EL Malzextrakt • 500 ml Sojamilch • 3 Kugeln Vanilleeis auf Sojamilchbasis • Eiswürfel zum Servieren

Den Kaffee zubereiten. Solange er noch heiß ist, mit dem Malzextrakt mischen, bis sich dieses aufgelöst hat. Komplett abkühlen lassen und in einem Mixer mit der Milch und dem Eis zusammen mixen. Schließlich auf Eiswürfeln servieren. Das Malzextrakt verleiht diesem Getränk einen köstlich nussigen Geschmack und eignet sich beispielsweise auch als Begleitung zum Frühstück.

Karamellshake mit Malz

1 l Biomilch • 4 EL Karamellsoße und 1 EL zum Verzieren • 4 EL Malzmilchpulver • 4 Kugeln Vanilleeis

Alle Zutaten mixen, bis eine homogene Flüssigkeit entsteht. In hohen Gläsern mit etwas Karamellsoße verziert servieren.

Rezepte für 4 Personen

Verdauungstees

Das weihnachtliche „Geschlemme" beginnt meist schon Wochen vor dem Heiligen Abend mit der Weihnachtsfeier, einem abendlichen Geschäftsessen und dem Beisammensein mit Freunden. Und schon wird dieser gastronomische Spießrutenlauf von einer Reihe von Familienfesten, die sich bis über den Christtag oder sogar Neujahr hinausziehen, abgelöst. Es verwundert kaum, dass Verdauungsprobleme an diesen Tagen, an denen sich die Tische vor köstlichen Versuchungen nur so biegen und man schnell alle über das Jahr gefassten und meist auch durchgehaltenen Vorsätze über Bord wirft, Hochkonjunktur haben. Natürlich soll man sich etwas gönnen, doch es besteht kein Grund, komplett über die Stränge zu schlagen und damit das Verdauungssystem zu quälen. Hier ein paar einfache Tipps für diese Jahreszeit:

- Alles probieren, aber mit Maß und Ziel.
- Vorher eine Kleinigkeit essen. Ein gesunder, kalorienarmer Snack wie ein Apfel, ein fettreduziertes Joghurt, ein Stück Vollkornbrot mit Frischkäse hilft dabei, dass man nicht zu hungrig ankommt und sich etwas zügeln kann.
- Wasser trinken. Das Essen mit einigen Gläsern Wasser beginnen.
- Sich den restlichen Tag zurückhalten. Während des Tages einfach Rohkost, Obst oder gekochtes Gemüse essen. Wer ein festliches Mittagessen hinter sich hat, der sollte am Abend nur eine Kleinigkeit zu sich nehmen (Suppe, Salat, Joghurt)

- Langsam essen und genießen. Um sich die Verdauung zu erleichtern und das Sättigungsgefühl anzuheben, ist es wichtig, gründlich und ausgiebig zu kauen.

- Verdauungstees. Sehen wir uns diesen Punkt etwas genauer an: Die klassische Kamille, Poleiminze oder Wermut sind nicht nur traditionelle Hausmittel mit erwiesener Wirksamkeit, sondern auch anerkannte Phytotherapeutika zur Behandlung von Verdauungsproblemen. Klar ist aber auch, dass nach einem ausgiebigen Essen mit Aperitif, Vorspeise, erstem Gang, zweitem Gang, drittem Gang und vielleicht noch einem Dessert (alles natürlich mit Weinbegleitung) die bescheidene Kamille nicht mehr reichen wird, obwohl sie noch mehr nützt als die obligatorische Tasse Kaffee, mit der so viele unter uns jedes Essen abschließen, vor allem dann, wenn es üppig war. Deswegen ist es wichtig, dass der gesunde Menschenverstand in solchen Situationen die Führung übernimmt. Eigentlich sollte man solche Essen vermeiden und, wenn das nicht geht, gut kauen, langsam essen und nach der Mahlzeit einen Verdauungstee aus den erwähnten Pflanzen trinken. Auf diese Weise verdauen wir besser und umgehen Probleme wie Sodbrennen, Blähungen, Magenkrämpfe, …

Verdauungstees

Rezepte für 1 Person

Thymiantee

1/2 TL Thymian • 4-5 Minzblätter • 6 Rosenblütenblätter • 250 ml Wasser

Das Wasser kochen und über die angegebenen Zutaten gießen. 2 bis 3 Minuten ziehen lassen und den Tee abseihen. Schließlich mit Honig süßen. Zur besseren Verdauung eine Tasse nach den Hauptmahlzeiten trinken.

Poleiminztee

1/2 TL Poleiminze • 1/2 TL Kamille • 1 Prise Oregano • 1 Prise Majoran • 1 Prise Kreuzkümmel • 250 ml Wasser

Mit den Zutaten wie gewohnt einen Tee bereiten und diesen 3 Minuten lang ziehen lassen. Dann die Flüssigkeit abseihen und nach Geschmack süßen. So manch einer ist überzeugt, dass dieser Tee bei Magenkrämpfen und Blähungen Wunder vollbringt. Fügt man noch ein Blatt (nicht mehr) Gartenraute hinzu, lindert der Tee auch Menstruationsschmerzen.

Salbei-Minze-Tee

4-5 Minzblätter • 1 Salbeiblatt • 1/2 TL Orangenschale • 250 ml Wasser

Das kochende Wasser über die angegebenen Zutaten gießen und die Tasse mit einem Deckel verschließen. 3 Minuten lang ziehen lassen. Man erhält ein mild-aromatisches Getränk, das nicht gesüßt werden muss. Eine Tasse nach den Hauptmahlzeiten trinken.

Melissentee

Einige Zitronenmelissenblätter • 1 Prise Anis, gemahlen • 250 ml Wasser

Das Wasser kochen und über die angegebenen Zutaten gießen. 4 bis 5 Minuten zugedeckt ziehen lassen und den Tee abseihen. Schließlich nach Belieben süßen.

Zitronenmelisse frisch verwenden, nicht kochen! Trocken gehen ihre wichtigsten Inhaltsstoffe verloren, ebenso wenn man sie kocht.

Sternanistee

1 g Sternanissterne (ganz oder in Stücken) • 250 ml kochendes Wasser

Den Sternanis in das kochende Wasser einrühren und 5 Minuten lang ziehen lassen. Abseihen. Eine Tasse nach den Hauptmahlzeiten trinken.

VORTEILE

Sternanis enthält ätherische Öle. Dazu zählt vor allem Anethol, das erwiesenermaßen gegen Verdauungsprobleme wie beispielsweise Blähungen, Koliken und Magenkrämpfe wirkt.

Verdauungstees

Mönchspfeffertee

1 EL Mönchspfefferblätter
• 5 Minzblätter • 250 ml Wasser

Das Wasser kochen und über die angegebenen Zutaten gießen. 2 bis 3 Minuten lang ziehen lassen und den Tee abseihen. Schließlich nach Belieben mit Honig süßen. Eine Tasse nach den Hauptmahlzeiten trinken.

FÜR DIE FRAU

Abgesehen von seinen appetitanregenden, krampflösenden und blähungslindernden Eigenschaften eignet sich Mönchspfeffer auch zur Linderung vieler gynäkologischer Probleme wie schmerzhafter und unregelmäßiger Menstruation, geschwollener Brüste oder Wechseljahrbeschwerden (Hitzewallungen, Launen).

Rezepte für 1 Person

Lindenblütentee

1/2 TL Lindenblüten • 4 Minzblätter • 1/2 TL Kamillenblüten • 250 ml Wasser

Das Wasser kochen und über die angegebenen Zutaten gießen. 5 Minuten lang zugedeckt ziehen lassen und den Tee abseihen. Schließlich nach Belieben mit Rohrzucker süßen. Dieses Getränk eignet sich besonders nach dem Essen, denn abgesehen von seinen verdauungsfördernden Eigenschaften entspannt es auch noch. Empfehlenswert auch für all jene, die nach dem Kaffeegenuss nicht mehr einschlafen können; der Tee sediert und beruhigt. Seine Blüten müssen übrigens licht- und luftgeschützt aufbewahrt werden.

Hopfentee

10 g Hopfen • Etwas Kornblume oder Wiesen-Flockenblume • 5 Minzblätter • 250 ml Wasser

Alle Pflanzen vermischen und einen TL dieser Mischung pro Tasse verwenden. 5 Minuten lang zugedeckt ziehen lassen und den Tee abseihen. Schließlich nach Belieben mit Honig süßen. Eine Tasse nach den Hauptmahlzeiten trinken.

SÜSSE TRÄUME

Niedrig dosiert stärkt der bittere Hopfen den Magen. Weiters wirkt er beruhigend und ist darum der ideale Helfer gegen Schlaflosigkeit. Abgesehen vom Tee kann man auch ein Säckchen mit 100 g Trockenhopfen ins Kopfkissen legen.

Verdauungstees

Rezepte für 1 Person

Lavendeltee

1 EL Lavendelblüten • 1/2 TL Fenchelsamen • 1/2 TL Anissamen • 250 ml Wasser

Wenn das Wasser kocht, alle Zutaten hinzufügen, vom Herd nehmen und das Gefäß verschließen. 4 Minuten lang ziehen lassen, abseihen oder abgießen. Eine Tasse nach dem Essen trinken. Der Tee wirkt verdauungsfördernd, stimulierend und hilft bei Blähungen.

Salbeitee

2 Salbeiblätter • 1/2 TL Zitronenschale • 1 Tasse Wasser

Das Wasser zum Kochen bringen, den Topf vom Herd nehmen, alle Zutaten (Salbei, Zitrone) hinzufügen und den Tee 3 bis 4 Minuten mit einem Deckel zugedeckt ziehen lassen. Dann mithilfe eines Siebes filtern und nach Geschmack süßen. Eine Tasse nach den Hauptmahlzeiten trinken.

Koriandertee

3-5 g Koriandersamen • 1 TL Süßholz • 250 ml Wasser

Das Wasser kochen und über die Zutaten gießen. Dann den Tee 5 Minuten lang mit einem Deckel zugedeckt ziehen lassen und die Mischung abseihen. Eine Tasse dieses Tees nach den Hauptmahlzeiten trinken. Das Süßholz verleiht diesem Tee übrigens seinen typischen süßen Geschmack, doch Achtung: Den gegenteiligen Effekt erzielt man, wenn man die Pflanze abkocht: Sie schmeckt dann bitter!

KÜCHEN DER WELT

Koriandersamen schmecken intensiv und strömen ein auffälliges Aroma aus. Sie werden ganz oder gemahlen vor allem in den Küchen des Mittleren Ostens und Indiens verwendet. Zum Beispiel bereitet man mit ihnen Currys zu, aber auch in China oder Südamerika setzt man Koriander gern zum Kochen ein.

Majorantee

1 TL Majoran • 1 TL Minze • 1 TL Thymian • 1/2 l Wasser

Das Wasser kochen und über die angegebenen Zutaten gießen. 4 Minuten mit einem Deckel zugedeckt ziehen lassen und den Tee abseihen. Nach Belieben süßen und eine Tasse nach jeder Hauptmahlzeit trinken.

Viel Vitamin C

Vitamin C sollte das ganze Jahr über, aber vor allem im Winter Bestandteil unserer täglichen Ernährung sein. Hauptgrund dafür ist, dass das Vitamin zu den Antioxidantien zählt, unsere Abwehrkräfte stimuliert und stärkt, bei der Bildung von Kollagen hilft, Zähne und Zahnfleisch kräftigt und die Eisenaufnahme erleichtert. Den Tagesbedarf (50-60 mg) deckt man durch einen gemischten Salat und zwei Vitamin-C-reiche Früchte, doch da diese Substanz hitze- und oxidationsempfindlich ist, sollte man diese Nahrungsmittel roh oder nur wenig gekocht zu sich nehmen. Warnzeichen, die uns einen Mangel anzeigen, können unter anderem blutendes, entzündetes Zahnfleisch, Hämatombildung und schon bei geringster Müdigkeit geplatzte Blutgefäße sein.

Auf den folgenden Seiten stellen wir nun jene Früchte vor, deren Anteil an diesem Vitamin besonders hoch ist und mit denen man in der kalten Jahreszeit kräftigende und schützende Säfte zubereiten kann.

Orange

Der Genuss einer Orange deckt schon unseren Tagesbedarf an Vitamin C. So gesehen ist es einfach, die Vitamin-C-Versorgung mit einem frisch gepressten Orangensaft zum Frühstück zu sichern. Die Zitrusfrucht sticht übrigens auch durch ihren ausgeglichenen Gehalt an Antikanzerogenen (Vitamin C, Flavonoide, Limonoide) hervor, die ihre Effekte gegenseitig verstärken und so besonders gut schützen.

Guave

Die Guave ist eine der Vitamin-C-reichsten Früchte (2-mal so viel wie Zitrusfrüchte). Das Vitamin befindet sich hauptsächlich in der Fruchtfleischschicht, die die Kerne umgibt, gleich unter der Schale. Weiters versorgt uns die Guave mit Betacarotin, B-Vitaminen (vor allem B_1), Vitamin E, Kalzium, Phosphor, Magnesium und Eisen. Gleichzeitig ist sie reich an Spurenelementen wie Zink und Kupfer, wirkt positiv auf die Gesundheit des Herzens und hat abführende Eigenschaften.

Erdbeere

100 g Erdbeeren enthalten den empfohlenen Tagesbedarf an Vitamin C und Folsäure. Weiters sind sie reich an Eisen, Magnesium, Kalium, Mangan, Kalzium, Zink, Phosphor, Kupfer und Silizium. Aufgrund ihres Gehaltes an organischen Säuren und Mineralstoffen entgiften Erdbeeren auch.

Himbeere

Obwohl ihre optimale Reifezeit im Sommer ist, können sie tiefgekühlt in jeder Jahreszeit zur Herstellung von Säften eingesetzt werden. Friert man Himbeeren richtig ein, bleiben ihre Nährstoffe, auch das Vitamin C, erhalten. Sie sind übrigens auch reich an Bio-Flavonoiden, Ballaststoffen und Mineralien (Kalium, Kalzium, Eisen und Magnesium).

Litschi

In Litschis finden wir die Gesamtheit aller Vitamine, außer dem Provitamin A (Betacarotin) und dem Vitamin B_{12}. Vitamin C ist in großem Maße vorhanden und mit 100 g ist schon der Tagesbedarf eines Erwachsenen gedeckt. Litschis wirken außerdem schmerzstillend und fiebersenkend. Diese Eigenschaften kombiniert mit der immunstimulierenden Wirkung (erhöht die Abwehrkräfte) des Vitamin Cs machen die Litschi zum perfekten Obst zur Unterstützung des Körpers bei winterlichen Infektionskrankheiten.

Kiwi

Ihr Vitamin-C-Gehalt ist doppelt so hoch wie der der Orange, obwohl er immer noch nicht an den der Guave heranreicht. Der Genuss einer Kiwi deckt bereits unseren Tagesbedarf des Vitamins. Kiwis sind außerdem noch reich an Vitamin E und enthalten beachtliche Mengen der Vitamine B_1, B_2, B_3, B_6 und Betacarotin. Ihr Folsäure- und Mineralstoffgehalt (Kalium, Magnesium, Eisen) ist ebenfalls nennenswert wie auch auch ihre löslichen Ballaststoffe, die bei Verstopfung höchst effizient sind.

Vitamin C

Nur Orangen

2-3 Orangen

Der klassische Saft, reich an Vitamin C, ist perfekt für den Start in den Tag und erfrischt nach dem Morgensport. Wichtig ist, ihn frisch zu trinken, damit er nicht oxidiert, und bloß nicht zu zuckern!

Zitruskarottensaft

1 Orange • 1 Zitrone • 1 mittelgroße Karotte

Orange und Karotte im Entsafter verarbeiten und den Saft der ausgepressten Zitrone hinzufügen. Dieser Saft enthält zwei der Früchte mit dem größten Vitamin-C-Gehalt und das Gemüse mit dem meisten Provitamin A (Betacarotin). Er wirkt antioxidativ, erfrischend, schmeckt köstlich und entstresst.

Ananas, Orange und Zitrone

1 dicke Scheibe Ananas • 1 Orange • 1/2 Zitrone

Die Ananas schälen und würfeln. Orange und Zitrone ebenfalls schälen und in kleine Stücke schneiden. Nun alle Früchte entsaften. Der entstandene Saft löscht den Durst und ist besonders reich an Vitamin C. Perfekt für Menschen jedes Alters. Dieser Saft erfüllt mit Lebenskraft und baut einfach auf!

Orange und Mandel

30 g geröstete Mandelblättchen • 2 reife Nektarinen, entkernt und geschnitten • 1 geschälte, geschnittene Orange • 60 ml stilles Mineralwasser oder Orangensaft • Zitronensaft

Den Großteil der gerösteten Mandeln mit den Nektarinen, der Orange, dem Mineralwasser (oder Orangensaft) und dem Zitronensaft vermischen und in einem Standmixer pürieren, bis keine Klumpen mehr zu sehen sind. Dann auf zwei Gläser aufteilen und mit den restlichen Mandelblättchen bestreuen.

Cocktail mit Vitamin C

15-20 Erdbeeren • 1 Zitrone • 1 Ananasscheibe

Die Zitrone auspressen. Die anderen Zutaten entsaften und mit dem Zitronensaft mischen. Ein Glas dieses Saftes übersteigt im Übrigen den Vitamin-C-Bedarf eines Erwachsenen bei Weitem, weshalb wir den Saft morgens, auch zum Frühstück, empfehlen. Auch gut: Erdbeere ist eine der eisenreichsten Früchte, die es gibt.

Zitrussaft

1 Orange • 1/4 Grapefruit • 1/4 Zitrone

Die Orange, die Grapefruit und die Zitrone schälen und dabei so viel weiße Haut wie möglich dranlassen. Das Obst schneiden und entsaften. Sofort servieren.

Kiwisaft

4 Kiwis • 2 süße Äpfel

Die Äpfel waschen und in Stücke schneiden. Dann die Kiwis schälen und mit einem scharfen Messer schneiden. Alles entsaften. Kiwi ist eine der Vitamin-C-reichsten Früchte, die existieren. Mit zwei Stück haben wir unseren Tagesbedarf im Nu gedeckt.

Kiwi und Himbeere

2 Kiwis • 100 g Himbeeren • Chicorée

Die Kiwis schälen, die Himbeeren und den Chicorée waschen und alle Zutaten gemeinsam entsaften. Dieser Saft schmeckt besonders, wenn er kühl serviert wird. Auch Himbeeren enthalten eine große Menge an Vitamin C.

Obst- und Gemüsecremen

Rezepte für 2 Personen

Gerade im Winter schmecken uns warme, nicht zu flüssige Gerichte, die uns helfen, die kalten Tage zu überstehen. So gesehen sind die zähflüssigen, heißen Gemüsecremen ideal – und Obstcremen eignen sich in der kalten Jahreszeit hervorragend als Dessert. Zum Abschluss des Winterkapitels präsentieren wir hier nun einige Rezeptvorschläge für Obst- und Gemüsecremen.

Blaubeercreme

225 g Blaubeeren • 2 kleine, reife, geschälte Bananen • 300 ml Orangensaft • 2 Kugeln Vanilleeis

Eine Handvoll Blaubeeren für die Garnierung zurückbehalten. Die restlichen Beeren gemeinsam mit den Bananen und dem Orangensaft mithilfe eines Standmixers pürieren und die so erhaltene Blaubeercreme auf zwei Tassen aufteilen. Dann jeweils eine Kugel Vanilleeis hinzufügen und mit Blaubeeren verzieren. Schließlich die Creme servieren.

Bananencreme mit Orange und Apfel

1 reife Banane • 2 geschälte Orangen (ohne weiße Haut) • 2 reife Äpfel • Saft von 1/2 Zitrone

Alle Zutaten mixen und schon ist die Creme fertig zum Servieren.

Birnencreme mit Pflaumen

2 reife, geschnittene Birnen • 4 reife, geschnittene Pflaumen • 160 ml Orangensaft • 30 g Pistazien, ohne Schale und gehackt

Alle Zutaten im Mixer pürieren, bis keine Klümpchen mehr zurückbleiben. Dann in zwei Tassen füllen und mit gehackten Pistazien bestreuen. Die Birnencreme ist nun bereit zum Servieren.

Tropische Fruchtcreme

1 Eiweiß • 1 EL Honig • 100 ml tropischer Fruchtsaft • 1/2 EL Speisestärke • 25 g Zucker

Die Stärke mit dem Honig auf kleiner Flamme in einem Topf erhitzen und dabei ständig umrühren, damit keine Klumpen entstehen. Dann den Fruchtsaft hinzufügen und weiter erhitzen, bis eine zähflüssige Konsistenz erreicht ist. Abkühlen lassen und auf 4 Schälchen aufteilen. Dann das Eiweiß mit dem Zucker steif schlagen und vier kleine Häufchen formen. Diese in Wasser 4 Minuten köcheln, abtropfen lassen und auf der Creme platzieren. Schließlich mit einer Obstscheibe (Mango, Papaya, …) garnieren. Fertig!

Obst- und Gemüsecremen

Lauchcreme mit Orange

15 g Butter • 250 g Lauch • 125 g Kartoffeln • 1 Karotte • 1/2 l Gemüsebrühe • 150 ml Schlagsahne, flüssig • 50 ml Schlagsahne, geschlagen • Geriebene Schale von 1/2 Orange • Schwarzer Pfeffer, gemahlen • Salz

Die Butter in einem Topf auf kleiner Flamme zerlassen. Den in Scheiben geschnittenen Lauch und etwas Salz hinzufügen und etwa 10 Minuten lang auf kleiner Flamme dünsten, bis er weich ist. Dann die Kartoffeln und die Karotte (beides in Scheiben geschnitten), etwas Pfeffer und nach 3 Minuten Kochzeit die Gemüsesuppe hinzufügen. Die Mischung zum Kochen bringen und 20 Minuten auf kleiner Flamme köcheln lassen. Schließlich die 150 ml Schlagsahne einrühren, weitere 10 Minuten lang kochen und zuletzt alles mithilfe eines Mixers gründlich pürieren.

Nun die steif geschlagene Sahne und die Orangenschale vorsichtig unterheben, damit die Suppe nicht zusammenfällt. Die Gemüsecreme heiß servieren. Alternativ kann man auch die Schlagsahne und die Orangenschalen separat servieren und jeder bedient sich selbst.

Zucchinicreme

500 g Zucchini • 1 1/2 EL Öl • 1/2 Zwiebel • 1/2 Knoblauchzehe • 2 kleine portionierte Käsestücke • 125 ml Milch • 250 ml Hühnerbrühe

Zwiebel und Knoblauch hacken und in einer Pfanne im Öl anbraten. Die geschälten, fein geschnittenen Zucchini hinzufügen und auf kleiner Flamme 15 Minuten lang dünsten. Dann die Hühnerbrühe einrühren und weitere 20 Minuten kochen lassen. Zuletzt Milch und Käse hinzufügen, noch einmal aufkochen und pürieren. Mit getoastetem Brot oder Croûtons servieren.

Rezepte für 2-3 Personen

Karottencreme mit Tomate

300 g Karotten • 2 Stangen Lauch (nur der weiße Teil) • 1/2 kg Tomaten • Öl • Salz und Pfeffer • 1 Knoblauchzehe

Lauch und Knoblauch klein schneiden und anbraten. Karotten und Tomaten hinzufügen und mit 3 Tassen Wasser oder Gemüsebrühe ablöschen. Salzen, pfeffern und auf kleiner Flamme 30 Minuten lang köcheln lassen. Dann mit einem Stabmixer pürieren und servieren.

Tomatencreme

1/2 kg rote Tomaten • 1 Stange Stangensellerie • 1 Stange Lauch • 2 kleine Zwiebeln • Salz, Pfeffer • Thymian • Oregano • 1/2 Glas Rotwein • 125 ml flüssige Schlagsahne • 35 g Butter • 1/2 l Gemüsebrühe

Die Butter in einer Pfanne erhitzen und die geschnittenen Zwiebeln hinzufügen. Auf kleiner Flamme weich kochen lassen. Stangensellerie und Lauch (beides in Scheiben geschnitten) einrühren. Schließlich die geviertelten Tomaten, Salz, Pfeffer, Thymian und ein wenig Oregano hinzufügen. Alles anbraten und dann mit Gemüsebrühe und Wein ablöschen.

Wenn alle Zutaten weich gekocht sind, mit einem Stabmixer pürieren, die Schlagsahne dazugießen und noch einmal erhitzen. Bei Bedarf nachsalzen.